U0137185

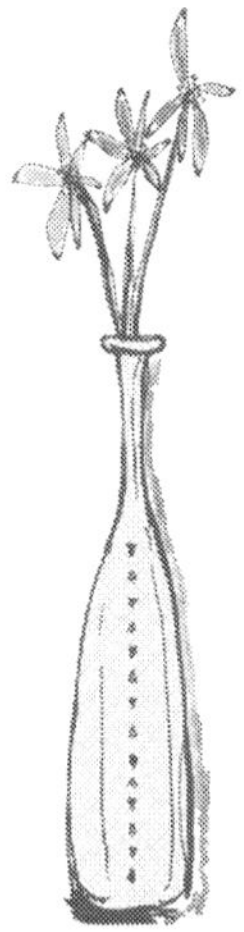

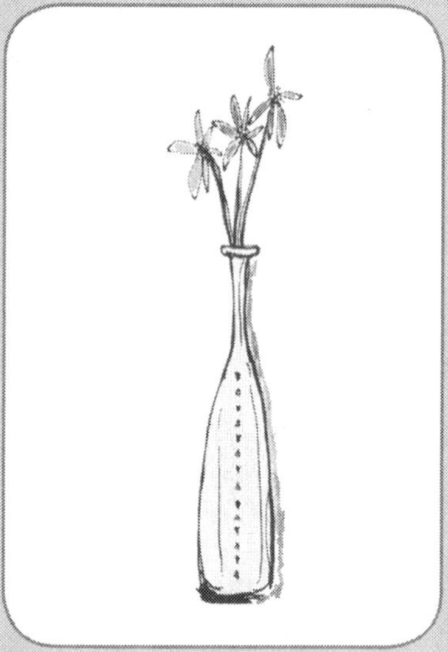

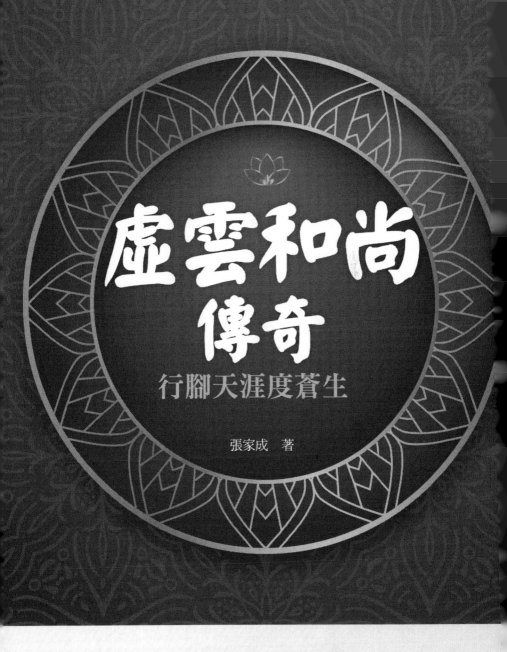

虛雲和尚傳奇

行腳天涯度蒼生

張家成　著

坐閱五帝四朝　不覺滄桑幾度

受盡九磨十難　了知世事無常

綜觀虛公之一生，志大氣剛，悲深行苦，為法忘軀，九死一生。

其建樹、道德、年齒、悟證之偉大高深，為近世所罕見。

序文

吳明興

坐閱五帝四朝　不覺滄桑幾度
受盡九磨十難　了知世事無常

清咸豐八年，虛雲和尚十九歲時，賦〈皮袋歌〉留別田、譚二妻，即偕堂弟蕭富國，逕奔福州鼓山湧泉寺，禮常開法師披剃出家，從此展開了其極卓絕的學佛生涯，直到西元一九五九年十月十三日，以一百二十歲高齡，圓寂於江西雲居山。

世人對虛雲和尚的雲水苦行、振興祖庭以及弘化海內外的事蹟，向來都津津樂道，甚至多所附麗，而徒然平添神秘的傳奇色彩，因此反而忽略了虛雲和尚依佛陀正法，身體力行、攝生度眾的悲願之本旨，是何等的實際和親切。加諸虛雲和尚平生著述極少，且重要的注經之作，如《楞嚴經玄要》、《圓覺經玄義》、《遺教經注釋》、《法華經略疏》、《心經解》等，全在一九五一年「鎮壓反革命」的「雲門事變」中被抄沒，終至於亡佚。是以在短短數十年後的今天，大部分的人對虛雲和尚克實悟法的究竟內涵，都已不甚了然了。

所幸的是，由虛雲和尚自述的《虛雲和尚自述年譜》，以及弟子岑學呂編輯《虛雲和尚法彙》，在「雲門事變」後得以在海外合刊出版，順利流通，使法要廣爲傳布：而虛雲和尚的另一弟子，現任河北趙州柏林寺重建後（西元一九九二年）的首任住持淨慧法師，晚近更依《法彙》擇其精要，簡編爲《虛雲和尚開示錄》。該《開示錄》自甫一問世以來，即廣受學人的歡迎，並頻頻來詢虛雲和尚的相關問題。由此可見，如今雖屬末法時期，然求法若渴者，依然所在多有。

爲了讓學人對虛雲和尚一生的行誼，有一如實的認識，並在修行上樹爲楷模，用茲操持砥勵，我們很樂意把張家成居士撰成的《虛雲和尚傳》推薦給諸學人。本書綜述虛雲和尚爲法忘軀的一生，並在依時紀事的同時開顯佛法精要，且行文洗練暢達，誠法雲繽紛，今人歡喜領受，學人倘能善加體會，備爲修業資糧，定能悟得虛雲和尚在圓寂前所說偈的法義：

諸選佛道場，十方同聚會。
個個學無爲，心空及第歸。

作者序／兼容並蓄現代大僧

虛雲和尚在江西雲居山茅蓬圓寂的第四天，即西元一九五九年十月十七日，北京佛教界在廣濟寺舉行追悼法會。中國佛教協會副會長趙樸初、周叔迦等居士參加了追悼會。同時，中國佛教協會委派副會長巨贊法師，赴江西雲居山弔唁。

當虛雲和尚圓寂的消息由新華社播發後，海內外佛教界為之震驚，同聲哀悼。台灣、香港、澳門等地的佛教徒，均舉行了老和尚涅槃法會；新加坡、泰國、馬來西亞、越南、菲律賓以及美國等國華人佛教界均舉行法會，以寄哀思。各地佛教界知名人士，如倓虛法師、印順法師、覺光法師、曉雲法師等紛紛撰文，表彰和紀念一代高僧虛雲禪師一生之道德建樹。

「泰山其頹，哲人其萎」，人們常常用此語來悼念偉人的去逝。假如要使這八個字用得恰如其分，適用者並不很多，就中國近代佛教而言，則當首推虛雲老和尚。

綜觀虛公之一生，志大氣剛，悲深行苦，為法忘軀，九死一生。其建樹、道德、年齒、悟證之偉大高深，為近世所罕見。虛公一生，功追往聖，德邁時賢。舉其犖犖大者可以概括爲十事：一日雲水天涯，苦修證道；二日提倡戒律，整肅道風；三日中興祖庭，建寺安僧，四日續法禪門，併弘五家；五日兼攝經教，重視史文；六日興學育僧，迎納新進；七日恢弘古風，農禪並進；八日護國護教，爲法忘軀；九日啓建法會，維護和平；十日福利社會，普度眾生。

虛公雖爲禪宗大德，但其思想特點則是宗教並重、禪淨並重、解行並重、內（學）外（學）並重。他平生雲水天涯，中興六大叢林，維護僧伽命脈，時時處處都體現了慈悲救世的菩薩精神。其高風亮節、光耀照人，堪爲千秋典範、百代楷模。

遺憾的是，虛雲和尚的主要著作，在「雲門事件」中佚失殆盡。幸經虛公弟子將平日記錄的隻語片言，整理編成《虛雲和尚法彙》，而其生平事蹟亦由眾弟子錄爲《虛雲和尚年譜》。二書自西元一九五三年在香港出版後，已在港台等地再版多次，且有英譯本出版。西元一九六二年，虛公圓寂三周年之際，亦有其弟子淨慧法師輯佚的《虛雲和尚法彙續編》印行。

虛雲和尚示寂荼毗後，其靈骨舍利爲雲居山大眾珍藏供養。在香港，虛公眾弟子首先在芙蓉山創虛雲和尚紀念堂，建舍利塔，以彰顯虛公遺德。西元一九八〇以後，江西雲居山眞如寺、雲南昆明雲棲寺、廣東乳源雲門寺、曹溪南華寺均先後建塔，供養老和尚舍利。雲居山眞如寺還在虛公生前所居的雲居茅蓬舊址上建成「虛雲紀念堂」，以誌永久的紀念。

本書在寫作時，曾得到雲門大覺寺佛源大和尚、雲居山眞如寺衍眞法師、廣東省佛教協會黃禮烈居士、逝江省佛教協會妙高法師、李祖榮居士，以及河北省佛教協會「虛雲印經功德藏」等提供有關資料和幫助，筆者在此謹表謝忱。然虛雲大師爲一代宗匠，其住世百二十載，平生事蹟極富傳奇色彩，但留下來的文字紀錄卻很少。因而撰寫虛公之傳記，非具備相當學養及修養不可。筆者雖持恭敬之心，然自知學力淺薄，更乏修持，加之資料蒐集有限，本書中疏遺或不妥之處在所難免。誠盼四方大德——尤其是熟知虛公事蹟者有以教之，以便在再版時予以訂正。是所祈望焉。

張家成　謹記於杭州西子湖畔求是園

西元一九九五年十月二十二日

CONTENTS

序文　吳明興　007
作者序／兼容並蓄現代大僧　009
楔子　015
第一章　少年聰慧．性喜佛寶出家去　019
第二章　朝聖苦行．文殊化身暗相助　033
第三章　苦修證道．燃指病癒碎杯悟　071
第四章　潛修講學．入定半月徽寸高　095
第五章　西南弘化．持咒移石下南洋　111
第六章　促立佛會．痛失恩師請龍藏　135
第七章　重振雲棲．奔走和平發願心　171

第八章　兼祧禪門・重建南華治典籍　197
第九章　中興雲門・美籍門徒佛緣廣　233
第十章　雲門事變・詩僧開示不畏苦　255
第十一章　百歲僧臘・但教群迷登覺岸　285

楔子

清道光二十年夏曆七月二十九日（西元一八四〇年八月二十七日）凌晨，在福建省泉州府署，一位男嬰呱呱墜地。他，就是後來名聞天下、被海內外譽爲近代禪宗大師的虛雲和尚。

虛雲俗姓蕭，原籍係出蘭陵（今江蘇常州），其先祖曾爲南朝梁武帝蕭衍之後，後來蕭家世居湖南湘鄉。虛雲的父親名蕭玉堂，生母顏氏夫人。清道光初年，蕭玉堂中進士後，遂宦遊閩南，嘗爲永春州佐官，後調佐泉州府。虛雲出生後不久，母親顏氏夫人即因病往生。

關於虛雲的誕生（根據虛雲晚年口述回憶、弟子記錄整理的《虛雲和尚自述年譜初編》記載），曾有一段頗不尋常的經歷。當蕭玉堂還在永春州爲官的時候，就已年逾四十而膝下尚無子嗣。顏氏夫人十分擔憂蕭家無後，常常到永春城外觀音寺燒香祈禱，求菩薩保佑。顏氏見城東關橋樑失修多年，且觀音寺殿宇殘破，於是發願捐資建橋修寺。一日夜間，蕭玉堂夫婦同時夢見一長鬚青袍老者，頭頂觀音像，身跨一隻猛虎而來，躍入房內，臥於榻上。蕭氏夫婦同被夢中情景驚起，互告所夢之事。自此，顏氏夫人乃有身孕。

第二年，蕭玉堂調往泉州府。據說，虛雲初墜地時只爲一肉團。顏氏夫人見之大爲驚駭，以爲今後再無子嗣之望，傷心過度，氣壅而死。次日，恰巧有一賣藥老翁路過蕭府，見其狀，乃爲蕭公將肉團剖開，得一男嬰，且氣息尚存。蕭玉堂復轉悲爲喜。於是虛雲自幼便由庶母王氏夫人撫育成長。

虛雲幼年的這段傳奇式的經歷，不由得會使人聯想起當年釋迦世尊的誕生經過，父母年逾四十未得一子，後來佛母親摩耶夫人感夢而有孕。太子生後第七天，母親摩耶夫人命終。太子遂由姨母摩訶波闍波提撫養長大。其經歷竟是如此驚人的相似。釋迦世尊爲一大事因緣而降臨於世，那麼是否可以說，虛雲從來到這個世界上的那一刻起，似乎便已預示了其未來的歷史使命。

虛雲誕生的年代，正值我國社會與文化遭遇到亙古未有的劇烈震盪的時候。西元一八四〇年二月，由於湖廣總督林則徐領導的禁煙運動，英國商人對華的鴉片貿易被取締。於是英國決定對華發動侵略戰爭，以期用武力打開中國的鴉片貿易大門。鴉片戰爭由此爆發。由於清政府的腐敗及其妥協投降的政策，清軍節節敗退。最後，割地（香港）、賠款、喪權辱國的《中英南京條約》，於西元一八四二年八月，在停泊於南京下關江面的侵略者軍艦上被迫簽訂了。藉此，西方天主教、基督教的勢力開始了在華的擴張。鴉片戰爭是中國歷史的一個轉折點，洋人用堅船利砲轟開了中國的大門，中華民族從此開始了多災多難的近代時期。

伴隨著社會的動蕩，中國傳統文化（包括中國佛教文化）也在西方文化的巨大衝擊波下，面臨著崩潰的危機和空前的挑戰。佛教文化源自印度，自從在漢魏之際傳入中國之後，便與中國傳統的儒、道思想接觸、衝突與融合，至隋唐時期發展到了鼎盛，不僅譯經的規模和水準遠遠高出於前代，而且在佛學理論上，基本上不再依附於漢譯佛經，而是由中國僧人獨立地撰寫佛學理論著作，並逐步建立起許多中國佛教的宗派體系。

宋明以後，佛教表面上顯衰落之勢，但佛學思想卻與儒、道思想進一步融合，從而成為中國傳統文化的有機組成部分。透過闡述「治心」之旨而統一「出世」與「入世」，這是隋唐以來中國佛教文化的重要發展趨勢。

常言道：「多難興邦，憂患出人才」。動蕩的社會需要的是濟世救民的良方，而救世須先救心。對佛教而言，十九世紀的中國社會，需要的是濟度大眾的救世宗教，時代在呼喚著擔當這一歷史使命的高僧大德的出現。

第一章　少小聰慧・性喜佛寶出家去

訶風咒雨蔑神明，不知生死無聊賴。出牛胎，入馬腹，改頭換面誰歌哭，多造惡，不修福，浪死虛生徒碌碌。入三途，墮地獄，受苦遭辛為鬼畜。古聖賢，頻饒舌，晨鐘暮鼓動心曲。善惡業報最分明，喚醒世人離五濁。

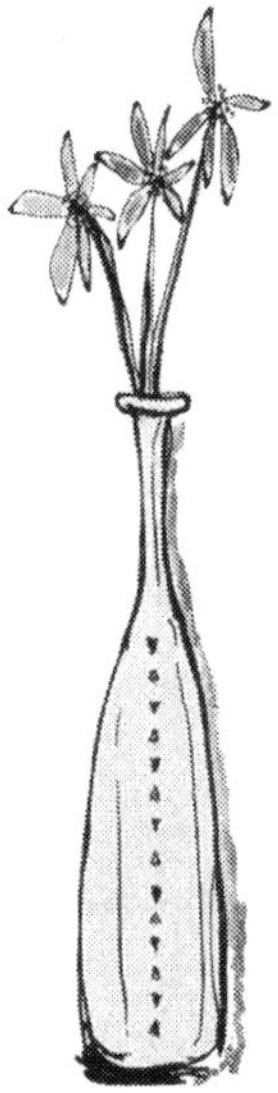

南嶽紀事

虛雲的出生，給蕭家帶來了歡樂的氣氛。蕭玉堂中年得子，自是喜不自勝，視其爲蕭家的希望，而祖母周氏老太太則更是寵愛有加，視若掌上明珠。虛雲自幼便聰穎過人，悟性特好，十分招人喜愛。稍稍長大以後，父親就爲虛雲請來一位當地頗有名氣的私塾先生，在家中教其識字讀書，練習書法。至七、八歲時，虛雲不僅能識字斷句，更喜習文作詩，其習作也頗得先生及父親的賞識。不過，當虛雲逐漸長大，開始記事，由家人的言談中知道了自己生母的身世之後，這一切便開始漸漸改變了……

虛雲自幼由庶母王氏悉心撫育，虛雲也一直視王氏爲生身母親。但當虛雲確知母親顏氏剛剛生下自己就撒手西歸、自己生不見母面這一殘酷的事實時，在其幼小的心靈中，留下了一道深深的傷痕。

顏氏夫人去逝後，其遺骨一直置於府中供奉著，擬將來送回湘鄉老家安葬。虛雲則常常背著家人，獨自一人走進靈堂中，默默望著母親慈祥的遺容，努力的想像著當年的情景。自此，虛雲幼年的生活方式，出現了一些奇怪的變化；不喜茹葷腥，不再像以前那樣嗜好儒書，卻喜歡聽祖母周氏講一些佛道之類的故事，而且還常常一個人沈思默想，作悲天憫人狀。因此常常引起父親的不悅，並招致嚴厲的斥責。

爲了使虛雲能夠順利教育成長，以便將來繼承蕭家香火、光宗耀祖，父親蕭玉堂經常親自督促虛雲習儒書、作詩文，有時公差外出，還將虛雲帶在身邊以增長見聞，曾帶虛雲去過漳州福寧、廈門及台灣等地。蕭玉堂親自教子，爲虛雲後來的詩文創作打下了良好的基礎，但似乎卻未能改變虛雲茹素好佛的幼習，這也常常令父親打從內心感到不安。

※

西元一八五〇年，虛雲十一歲。由於虛雲爲蕭家長子，年邁的祖母周氏便作主，以虛雲兼祧繼叔，爲之聘二門親室，一爲田氏，另爲譚氏。田、譚二家與蕭家均爲世交，亦皆爲湘籍人而爲官於閩南者。

這年冬天，十分疼愛虛雲的老祖母周氏因病去逝，使虛雲少年時期，再一次遭受傷心與痛苦的打擊。生死無常，雖官宦富貴人家亦不能倖免，這一類事情經常困擾著年幼的虛雲。按祖籍習俗，應回老家安葬，於是虛雲跟隨父親於西元一八五二年初，扶祖母周氏、母親顏氏的靈柩，由泉州取道北上回湘鄉。

也就在虛雲的祖母周氏去逝的那年冬天，洪秀全領導的拜上帝會，在廣西省桂平縣金田村發動起事，建號太平天國。起事的烽火很快由廣西燃及湖南、湖北、江西、安徽、江蘇、浙江等省，席捲了大半個中國，並且在南京建立了自己的政權。

太平天國起事，是中國近代史上規模最大、持續時間最長、對中國社會影響也最深的事件。由於拜上帝會帶有濃厚的基督教思想，太平天國號召人們信奉「皇上帝」，而視各種神仙菩薩爲「閻羅妖」，因而起事在以推翻清廷統治爲目標的同時，還將矛頭指向佛教、道教及傳統儒學。因此在中國南方，特別是在江浙一帶，戰火所到之處，無數的佛寺、道觀及其他宗教場所被毀，佛經被焚、僧人被逐，佛教遭到一次毀滅性的打擊。

虛雲在跟隨父親返湘鄉途中，觸目盡是逃難的人群、荒蕪的田地、殘敗的寺觀。戰爭帶來的災難景象，給年僅十三歲的少年虛雲的幼稚心靈以深深的刺激。

回到湘鄉老家後，蕭玉堂及其弟弟蕭蒲堂便忙於在府中設置靈堂，將祖母周氏及顏氏夫人的遺骨供於其中，擇日請來數位僧人至府中，爲亡靈超度，往生淨土，再行安葬。

做佛事的那幾天，數位法師身披袈裟，手捻佛珠，口誦懺文，神情肅然，給虛雲留下了深刻的印象。

一連數日，虛雲注視著僧人的一舉一動，對僧人的一切產生了極大的興趣，彷彿進入了一個神奇而又美妙的境界。尤其是對僧人帶來的佛像、佛經及其他法物，虛雲一見即心生歡喜。

僧人見虛雲對三寶法物如此歡喜，知其慧根不淺，乃贈送幾本佛經故事之類的小冊子給虛雲。虛雲如獲至寶，一口氣讀完，雖不能理解其中的全部法義，但釋迦牟尼佛成道的行誼，大慈大悲、普度眾生的觀音菩薩的行願，深深的吸引了虛雲且仰慕不已。

佛事結束，祖母及母親的遺骨安葬完畢後，虛雲便開始留心蒐集各種佛書來閱讀。在父親蕭玉堂及叔父蕭蒲堂的書房中，也藏有不少佛書。於是虛雲便瞞著父親及叔父，經常獨自一人跑進書房中，翻箱倒櫃找出佛書來翻閱。由於無人指點，虛雲所讀佛書很雜，從佛經到各種通俗的佛經故事都有。從中虛雲知道了什麼是「因果報應」、「六道輪迴」，以及吃齋念佛、戒殺護生的涵意。不過令虛雲最感興趣的，還是歷代高僧修行正道的典範及禪僧的獨特的修行方式。在虛雲的影響下，蕭蒲堂之子、與虛雲年齡相仿的堂弟蕭富國，也漸漸對佛教產生了濃厚的興趣。

※

西元一八五二年九月的一天，蕭蒲堂帶領虛雲及蕭富國，到離家鄉不遠的佛教名山南嶽（衡山）進香。南嶽佛教歷史悠久，初興於漢末，南北朝時達到鼎盛，有寺院數十座，至今仍有十餘座。虛雲隨叔父在南嶽最大的寺院——祝聖寺禮佛之後，又接著遊覽了山中各名勝古剎。南嶽風景絢麗多彩，有大小七十二峰，古木參天，終年翠綠，奇花異草，四時郁香。祝融峰之峻拔雄偉，水簾洞之奇觀，泉石林木之秀美，令人留連忘返。然而最令虛雲不能忘懷的，是山中古剎的莊嚴、清靜以及僧尼的修行生活。

在遊覽了祝聖寺、藏經殿、方廣寺、上封寺、福嚴寺等古剎以後，殿宇中悠揚的鑼鼓魚磬之聲，僧寶們誦經唱佛時平和的韻調，深深吸引了虛雲，似乎覺得這兒就是他夢寐以求的理想歸宿。但當他一遇到叔父嚴厲的眼光和嚴肅的表情，腦中的想法便立刻嚥下肚裡去了，不敢吐露半句。

虛雲跟隨叔父自南嶽回到家裡以後，悵然若失，每日怏怏不樂。知子莫若父，蕭玉堂素知兒子秉性，如今虛雲漸漸長大，卻愈現其出塵之志，心中不禁十分擔憂。自己又公務纏身，無暇顧及家中之事；欲對虛雲加以阻撓，又恐反生變故，於是決定因勢利導，讓其修習偏重養生、富於現世觀念的道家功法，並延聘了在湘鄉一帶有「先天大道」之稱的王道士至府中爲教習。

是年冬，蕭玉堂服喪期滿，就接到福建公文，調蕭玉堂至廈門任職，並令立即到任。因公務緊急，蕭玉堂只好將虛雲留在家中，託付給弟弟蕭蒲堂，囑其嚴加管教，然後自往廈門赴職。

虛雲在家中從王先生讀各種道書，並習道家各種內外氣功之法。新學道書，虛雲就沒有太大興趣，然父命難違，又不敢言，只得硬著頭皮往下學，每日如坐針氈一般。

所幸的是，虛雲與堂弟蕭富國志趣甚為相投，學道之餘，二人卻常在一起談論佛法。按道教重生，因而求長生不老之道，並以得道成仙為其最高理想，為此而行服食、導引、吐納等等方術。佛教則不然，以為人之所患正在於向外逐物以充口腹之欲，是故煩惱無盡、苦海無邊。並視人體為一「臭皮囊」，充塞於其中的盡是污穢之物，因而教人棄塵禮佛、茹素絕欲，方可了死生、絕輪迴、明心性，進入極樂世界。

虛雲及堂弟富國皆以為道家的理想實是近俗，遠遜於佛理。就這樣，虛雲從王先生學道三年，卻愈發堅定了其從佛的信念。並暗下決心，俟機緣成熟便出家為僧、專心修行。

而叔父蕭蒲堂也似乎對此有所覺察，因之對虛雲的防範也更為嚴密。除讀書外，對虛雲的一言一行、一舉一動都派人監視。為了打消叔父的疑慮、鬆懈對自己的防備，虛雲便假裝積極幫助料理家政，並對叔父言聽計從，以博取叔父的歡心。時間一長，叔父蕭蒲堂以爲虛雲已有悔悟，十分高興，從而逐漸放鬆了戒備。

※

咸豐六年（西元一八五六年），虛雲十七歲。一天，正值叔父蕭蒲堂外出辦事，虛雲以爲時機已至，便背上早已準備好的行李包裹，乘家人不備，悄悄從後門跑出，往南嶽方向急奔而去。

由湘鄉往南嶽衡山的路程雖僅百十里，但道路複雜。虛雲雖早有心理準備，但行得匆忙，慌不擇路。此刻虛雲已難辨四年前的朝山路線，竟誤走歧路。結果行程未及一半，就被抄近路追趕而至的蕭府家人在前面截住，叔父蕭蒲堂也隨後趕到。一番嚴厲的斥責之後，不容分說，虛雲便被強行帶回蕭府。

回家以後，蕭蒲堂覺得事體重大，於是一面派家人對虛雲進行更爲嚴格的防範。一面給遠在泉州（蕭玉堂已於一年前由廈門調往泉州）的兄長蕭玉堂去信，告訴他虛雲出逃南嶽一事，並請示定奪。

蕭玉堂接到家中來信後，得知家裡所發生的事情，心急如焚，便與王氏夫人商議對策，決定將虛雲接到泉州，遠離南嶽，使其早日完婚，以絕虛雲之念。蕭蒲堂接到兄長回信後，認爲此舉甚妙，並決定將自己的兒子蕭富國，也一併送往泉州兄長處管教，因爲富國與虛雲秉性相似，平常亦頗好佛道，恐在家日久也生變故。於是，蕭蒲堂親自將虛雲及蕭富國送至泉州兄長處。

鼓山出家

虛雲及蕭富國被送到泉州後不久，蕭玉堂便擇一良辰吉日，分別將田氏、譚氏小姐娶回府中，迫使虛雲完婚。虛雲成親以後，蕭玉堂總算鬆了一口氣，以為如此一來，便可杜絕虛雲出家的念頭。因而也放鬆了對虛雲的防範。但虛雲早已下定決心，此心已立志從佛，雖不得已而與田、譚二氏成親，然同居而無染，守身如一。

起初，田氏及譚氏頗覺怪異，繼之又感到委屈，卻又張揚不得。虛雲則乘機對二氏說佛法之義。而堂弟蕭富國也常來與虛雲討論佛法。漸漸的，田、譚氏也被法義所吸引，並理解了虛雲的所作所為及其志向。虛雲、趙富國見田、譚二氏雖係青春女子，但志亦不俗，非尋常女子，便不時向二人說法，二氏亦時有所悟。

於是乎，四人聚於新房中，談論最多的話題自然是佛教。一時間，蕭府閨堂內外，儼然為一淨土道場。

自從離開湘鄉至泉州，不知不覺，兩年過去了。虛雲常常思念起南嶽巍峨的古剎、莊嚴的佛像。雖然地隔千山萬水，難以再回到湘鄉，但自己出塵之志已決。堂弟富國亦志同道合，更增添了虛雲離俗棄世之信心。於是二人常常聚在一起，一面謀畫再次出逃的良策，一面四處打聽附近一帶佛寺情況。

泉州雖爲文化名城，歷史悠久，佛教文化亦頗爲發達，但缺乏名山祖庭。整個閩邦，聞名海內外的道場，當推福州鼓山湧泉寺及廈門南普陀寺。廈門南普陀寺位於海邊，地域稍嫌偏狹，而鼓山湧泉寺則位於閩中，爲石鼓靈秀之所寄，號稱「閩邦第一名勝」。而且湧泉寺又爲千年古剎，自唐代靈嶠祖師開山以來，至後梁興聖神晏國師重興，遞代相承，歷來爲傳法叢林，至今未泯。

虛雲與富國便決定往投該寺出家。爲避免出逃時中途被截，虛雲記取了前次出逃的教訓，與富國避開家人的注意，暗暗探聽往福州鼓山的詳細路程，並與湧泉寺僧常開老法師取得了聯繫。

當一切準備就緒之後，咸豐八年（西元一八五八年）二月八日，即釋迦牟尼佛出家之日，十九歲的虛雲與堂弟蕭富國決定再次出逃。臨行前夕，望著熟睡的雙妻，望著老父親書房前閃爍的燭光，及其辛勤操勞後疲憊的身影，思及一十九年來父親及庶母王氏的養育之恩，以及二位妻子兩年來對自己的理解與信任，眼看就要離開這熟悉的一切，不禁百感交集。遂攤開筆硯，奮筆疾書，寫下〈皮袋歌〉，留別田、譚二氏。歌曰：

皮袋歌，歌皮袋，空劫之前難名狀，威音過後成罣礙。三百六十筋連體，八萬四千毛孔在。分三才，合四大，撐天柱地何氣概。知因果，辨時代，鑑古通今猶蒙昧。只因迷著幻形態，累父母、戀妻子，空逞無明留孽債。

皮袋歌，歌皮袋，飲酒食肉亂心性，縱欲貪歡終敗壞。做官倚勢欺凌人，買賣瞞心施狡獪。富貴驕奢能幾時，貧窮凶險霎時敗。妄分人我不平等，害物害生如草芥。每日思量貪瞋癡，沈淪邪僻歸淘汰，殺盜淫妄肆意行，傲親慢友分憎愛。

訶風咒雨蔑神明，不知生死無聊賴。出牛胎，入馬腹，改頭換面誰歌哭，多造惡，不修福，浪死虛生徒碌碌。入三途，墮地獄，受苦遭辛為鬼畜。古聖賢，頻饒舌，晨鐘暮鼓動心曲。善惡業報最分明，喚醒世人離五濁。

在《皮袋歌》之第三章，虛雲進一步表明了自己不貪名利、不戀妻妾，「從今不入紅塵隊，降伏六根絕思慮」的超凡脫俗之志。不過，此時的虛雲，憑藉著對博大精深的佛學的一些粗淺的了解，主要以學佛爲追求逍遙自在的不二法門。「虛度光陰十九載，千般萬種不如意」，「刀兵厲疫旱潦多，饑饉戰爭頻頻起」，「適當其際可奈何？」何處是前程，如何才能解脫這世間的一切煩惱？雖有道教教人長生不老之術，但「世間誰是長生者」？「不如歸去禮慈雲」。

佛法教人「除人我，無彼此，冤親平等忘毀譽，無罣礙，沒辱恥，佛祖內心豈徒爾」？有世尊割愛上雪山，觀音辭家爲佛子，舜時巢許聞讓國猶洗耳，張子房、劉誠意也功成身退，寄情山水。虛雲亦自比古人，欲「拜明師，求印證」，「學參禪，得宗旨」，爲的是「了生死，多多快活難得似；……逍遙自在任遊巡」，「彌陀接引到西方，放下皮袋超上乘」。

〈皮袋歌〉凡三章，計九六〇言，均三言與七言相間成篇。此爲虛雲留傳下來的最早的一首詩作，語句雖稍顯稚嫩，但意味深長，充分表明了受小乘佛學思想的影響，虛雲少年時期的思想經歷，以及此時此刻的內心世界，從中也足以窺見虛雲幼時的詩學功底。

虛雲寫完了《皮袋歌》，即將詩稿塞入信封中，置於田、譚二氏房中，作臨別紀念。次日，待父親去府衙公幹之後，乘家人不備，虛雲與富國僅攜一些簡單衣物等件打成一包裹，悄悄跑出府門，逕奔福州鼓山而去。

第二章　朝聖苦行・文殊化身暗相助

虛雲由西藏佛教派別林立、僧服迥異及與漢地佛徒在教制及習俗上的諸多差異，聯想到昔日釋迦世尊在舍衛城南祇園精舍說法時，令眾生悟「一切法皆無常」故，四眾弟子普沐教澤，不禁感到一種莫名的悲哀。

山中苦行

虛雲與蕭富國日夜兼程，當晚便到達鼓山湧泉寺，向執事僧說明出家之意後，被引見常開老法師。老法師深為二人堅定、虔誠的出家之志所感動，次日便親自為二人剃度出家。常開老法師還關照全寺上下，為虛雲及蕭富國嚴守風聲，以免蕭家來此尋找，並且還引二人禮拜了湧泉寺現任方丈妙蓮和尚。

妙蓮法師別號雲池，道光四年（西元一八二四年）生於福建歸化。二十一歲時禮鼓山量公老和尚出家。後因助量公建鼓山大殿並操持一切法務，深得量公慧識。咸豐四年（西元一八五四年）量公退席，眾推妙蓮法師繼承法嗣。按鼓山自明季以來，禪門曹洞、臨濟二宗並傳，特別是清初曹洞門下永覺元賢及其弟子為霖道沛，在湧泉寺倡導「鼓山禪」，在國內有很大影響。至妙蓮法師為傳曹洞宗四十五世、臨濟宗四十二世。

妙蓮和尚見虛雲與蕭富國二人雖係官宦門第出身，然其向佛之心異常堅決，非常人所可比擬，預料將來必成大器，心下十分歡喜。次年春四月，妙蓮和尚親自主持授戒儀式，爲虛雲、蕭富國圓受具足戒。妙師爲虛雲取法名古巖，又名演徹，字德清。

虛雲及堂弟蕭富國離家出逃的消息震驚了蕭府上下。蕭玉堂老先生雖對此早有所覺察，並千方百計予以防範。但老人所做的一切，絲毫未能改變兒子的心思，這令蕭老先生十分傷心。得知虛雲出走的消息後，焦急萬分，派家人四處打聽、尋訪兒子的下落。但由於虛雲、富國事先計畫周密，又走的突然，除了虛雲留給田、譚二氏的一首《皮袋歌》外，未留下任何去向的痕跡，而且出家後又蒙湧泉寺全體爲之堅守秘密，雖然不斷有蕭府派人來此探尋，仍未走露半點風聲。

尋訪了一年多，未得到絲毫消息。獨生兒子的出走，給蕭老先生精神上以沈重的打擊，健康狀況也受到很大影響，經常臥病在床。同治元年（西元一八六二年），蕭老先生以四處尋訪兒子一直未有著落、內心極度悲傷與失望，加之老病纏身，已無心爲官，便提前告老還鄉，攜王氏夫人及田氏、譚氏二媳返回了湖南湘鄉老家。

虛雲與富國在鼓山圓受具足戒後，恐在寺內久住下去，必將走露風聲，擬避居他處。蕭富國素喜雲遊四方，爲避家人尋訪，圓具後便離開湧泉寺四處參訪，做行腳僧去了。自此以後，富國一去便杳無蹤跡音訊，不知其所終。虛雲則喜禪人的隱居獨修。在鼓山後山茂密的叢林中，有一古巖洞，周圍環境清幽，人跡罕至，常有虎狼出沒。虛雲依妙蓮師之見，隱居於此古巖洞中，每日禮萬佛懺，不敢露面。遇見虎狼，也不畏懼。說來也怪，虎狼亦不傷人，竟與虛雲相安共處。巖洞中環境十分艱苦，有時以野菜、野果充饑，但虛雲以清節自勵，苦心向道，竟樂此不疲。

虛雲雖然辭親割愛，毅然出家做了頭陀，但在其內心深處，卻是極富人間情味。自己生未見母容，父母只此一子，卻又背父出家，以致老父憂思成疾，不得不棄官還鄉。對自己家世的感傷以及骨肉親情的眷戀，深深印刻在虛雲的心靈深處，這些後來便成了虛雲報恩還願的感情紐結。因此虛雲雖在巖洞中隱修，但還是託湧泉寺僧注意打聽來自泉州蕭府的消息，一者恐被父親尋至領回家中；再者父子親情仍不時牽掛在懷，放心不下。

就這樣，虛雲在深山巖洞中禮懺苦修已滿三年。一日，有鼓山湧泉寺職事僧來此相告，說：「泉州府蕭老太爺已告老還鄉，汝可不必匿避。妙蓮師令你隨我下山回寺去。」於是虛雲又回到湧泉寺。

妙蓮和尚見虛雲在巖洞中恆心苦行，其志可嘉。但妙師又告訴虛雲：「修慧還須修福，汝可回山中任職，為眾作務。」從此，虛雲便在寺內任水頭，專事苦行。

※

同治三年（西元一八六四年）臘月，忽有消息傳來，虛雲的父親蕭玉堂老人因憂思成疾，在湘鄉原籍病故。不久又得知：自父親病歿後，庶母王氏領二媳田氏、譚氏在湘鄉縣觀音山出家爲尼，王氏法名妙淨，田氏法名眞潔，譚氏法名清節，家中事務悉數交由叔父蕭蒲堂料理。

虛雲聞知這一消息，悲喜交集，潸然淚下。悲者自己生未見母面，由父親及庶母含辛茹苦將自己撫養成人，自己未能克盡爲子之孝道，老父親卻因爲獨子的出家，傷心過度，過早的離開了人世，怎不教人痛心疾首！可喜的是，自己全家已經歸依佛門，同心向道，共結菩提勝因，可免後顧之憂。自此虛雲終於了卻了這樁心事，一心苦行，不再探問家事，斷絕了與家中的聯繫。

也是在這一年的六、七月間，太平天國天王洪秀全病死，天京（即南京）陷落，轟轟烈烈的太平天國運動，在曾國藩率領的湘軍以及英國、法國軍隊的聯合追剿下，終於失敗了。

按太平天國運動的爆發，一方面給中國南方的佛教、道教以沈重的打擊，同時也給西方勢力進一步侵略中國以可乘之機。早在西元一八五六年十月，英、法侵略軍藉口傳教士被殺發動了侵略戰爭，史稱「第二次鴉片戰爭」（編案：即英船Arrow事件）。至西元一八六〇年九月，侵略軍占領天津，咸豐帝倉皇逃往熱河，十月十三日，北京城遭到了極其野蠻的洗劫，著名的圓明園就是此時被焚劫而變成廢墟的。結果《北京條約》簽訂，外國傳教士從此可以自由深入內地傳教，並且可以藉傳教名義廣置田產。基督教、天主教勢力在華的進一步擴張，使近代中國佛教的復興更是步履維艱。

轉眼間，虛雲在鼓山湧泉寺任職已有四年，除任水頭（專司擔水）外，還曾任園頭（專司種菜）、行堂（食堂服務）等職，皆苦行之事。其間也曾被派任一些較輕鬆的職事，虛雲皆不願爲之。寺內常住，亦不時有單䞋，亦從不領受，惟恐有礙修持。虛雲雖出身富貴家庭，但出家後一切放下，任職期間，胼手胝足，不以爲勞，每日僅粥一盂，而體力卻很強健。

時鼓山湧泉寺有一禪師名古月，爲眾僧中苦行第一，力辭閒職，專司苦役。虛雲常常慕名參禮之，與之深談。古月告訴虛雲：「古德之中，苦行證道，德名遠揚者，俯拾皆是。昔日玄奘法師，爲研佛經深義，欲求梵本佛經於天竺，於西行前十年就求師習梵文及天竺各地方言；爲能適應西行途中沙漠無人之地，乃日行百里，復嘗試絕粒，由一日起以至若干日，以防沙磧之中水草盡絕。」

受古德影響，清末佛教各宗亦遍行苦行之風，著名的如禪宗有金山寺大定禪師，律宗有寶華山隆昌寺釋聖祖，淨土宗則有釋今彩等。

與古月禪師的深談，亦對虛雲的思想及行爲產生了很大影響。既而反思自己在鼓山任職已有多年，雖每日充任苦役，盡行辭受職之所得，但長此以往，於修持不無妨礙。「古今大德之苦行有如此者，予乃何人，敢弗效法？」不若回到後山巖洞潛修，饒有益也。

於是向妙蓮和尚辭去鼓山職事，將數年來所積之衣物等盡行散予大眾，僅留一衲、一褲、一履、一簑衣、一蒲團隨身攜帶，別過鼓山眾師友，復向後山古巖洞中作穴居苦修生活去了。

※

此番回到巖洞，所見依然是風景秀美的鼓山勝境，但心境卻與從前大不相同；心中無牽無掛，周圍亦無任何人及事的煩憂，每日只是打坐念佛，一心觀照。雖處深山野澤中，然虎狼不侵，蛇蟲不損，無人供養，亦無須憐人。居則巖穴，或席地幕天，食則松毛、青草葉或野果，渴則飲澗水……

一年以後，自覺修持與時俱進，萬物皆備於我，心中歡悅，自以爲已至四禪天人之境界。

其實，虛雲此時的禪學思想近乎小乘，以偏於自度爲目的。由於自幼修習道家經典及功法，以及民間佛道不分的習俗影響，虛雲認爲；世俗之所患在於口腹之欲，因而重名利，輕視心性，捨本逐末，故煩惱日增，心體漸覆不明。因此佛教教人離俗出家，捨身修道，佛法即出世間法。古之大德有所謂「以一缽輕萬鐘者」，如今虛雲仿效古人，竟連一缽盡棄，故而無礙自在，胸次灑然。興之所至，不覺脫口吟道：

石洞自清幽，孤居萬事休。
蒲團久趺坐，身世等浮漚。
三輪本空寂，佛魔自卷收。
大千沙界幻，幻亦不曾留。

鼓山位於閩中。在閩中至浙南一帶，山脈綿亙，人煙稀少。在萬山叢林之中，間或有古剎叢林，或有苦行禪人結茅於此，潛修其中。虛雲潛居古巖洞隱修前後達十餘年，自覺修持精進，隨心所欲，隨意所之，時而於洞內趺坐念佛，時而四處行腳，有山可住，有草可食。雖不食人間煙火，但耳聰目明，體力日強，健步如飛。虛雲自己亦不知其所以然。如此行行復行行，不覺一年又一年。

由於在山林中行腳日久，虛雲所著褲履俱已破散，僅一衲遮體。頭上束一金剛圈，鬚髮長盈尺餘，雙目炯然，在常人看來，其狀甚爲可怖。有時山民見了虛雲，竟以爲是鬼魅現身，避之猶恐不及。虛雲則不以爲然，亦不與人交談。只是專心修苦行，而此時虛雲的苦行之名，也漸漸在閩浙一帶傳開了。

天台參訪

虛雲

同治九年（西元一八七〇年），虛雲行腳至浙南溫州的雁蕩山。因見此處山脈形勢險峻，而水色尤佳，不忍離去。於是擇一巖穴棲息其中。

一日，忽有一位禪人循跡尋訪至此，一見虛雲便頂禮求教，曰：「久聞高行，特求開示。」經此一問，虛雲竟無以應對，頓覺慚惶之至。知是高人來訪，自歎弗如，遂回覆道：「余智識愚昧，少有參學，望上座慈悲指示。」

禪人曰：「你如是行徑，已有多少年？」虛雲便將自己出家及鼓山任職、古洞潛修的一段經歷告訴了對方。

禪人便說：「我亦少有參學，不能與汝說。你可到天台山華頂龍泉庵，請問融鏡老法師，他是天台第一有道德者，必能饒益汝也。」言畢，未等虛雲稱謝，逕自離去。

禪人寥寥數語，給自以爲得禪功要旨的虛雲很大的震驚。虛雲反省自己自出家以來十餘年的苦行修道經過，雖於修身之功有所得益，但於禪學宗旨卻不能道出一二。

經無名禪師一語點破，深感慚愧。遂決定放棄四年來的巖穴潛修生活，依無名禪師指點，往天台參訪融鏡老法師，以求得開悟。

天台山是佛教天台宗的祖庭，位於浙江省天台縣境內。自隋智者大師開山以來，天台法音不絕，甚至遠及海外。十數年前的太平天國起事，曾使天台諸古剎遭到很大程度的破壞。虛雲來到天台山時，國清寺、高明寺等正在修復之中。虛雲依然是山洞穴居時的那番裝束，當他來到華頂峰華頂寺附近的龍泉庵時，只見庵門外立一老僧。

虛雲隨即上前合十問訊：「融鏡老法師在否？」

老僧答道：「庵內補衣老者便是。」

虛雲進入庵內，果見一老僧正在燭光下補衣，立即近前頂禮跪拜。老法師只是全心補衣，並未顧視來人。

虛雲復又拜道：「學人古巖，特來親近老法師，望祈垂慈。」

老法師這才抬起頭來，將虛雲上上下下仔細地打量了良久，方開言問道：「你是僧耶，道耶，俗耶？」

答曰：「僧。」

老法師問：「曾受戒否？」

答：「已受具足戒。」

問：「你這般模樣，試問有多久？」

虛雲便將出家十餘年來的經歷略微敘述。

老法師又問：「誰教導的，你如此做法？」

答曰：「聞古今大德每多苦行成道，故此效法行之。」

問：「你知道古人持身，還知道古人持心否？」

虛雲頓時默然無言。

老法師接著說道：「觀你作爲，近乎外道，皆非正路，枉費了十年工夫。巖棲谷飲，縱使壽命萬年，亦不過如《楞嚴經》上所謂十種仙之一，去正道甚遠。即使再進一步，證得初果，亦不過一自了漢耳。」老人繼續開導虛雲：「若菩薩發心，上求下化，自度度人，出世間不離世間法。你勉強絕辟食粒，連褲子都不穿，未免有些顯奇立異，又何怪功夫不能成片呢？」

虛雲被老法師於痛處一錐，如醒醐灌頂，直透到底，數年來心中的積惑頓時爲之一開，於禪宗「不離世間覺」之旨意似有所悟。

融鏡老法師不愧爲「天台第一有道德者」，虛雲此時深感無名禪師所言不差。於是虛雲再次頂禮伏拜，以求開示。

老法師見虛雲衣衫襤褸，但誠意可嘉，有心收留，便對他說：「我教你，若聽，則在這裡住下；若不聽，任你他去。」

虛雲忙道：「特來親近，焉敢不聽。」

老法師即令弟子取來衣衫褲履等物，令虛雲剃髮沐浴後換上，並擇一潔淨的房間，讓虛雲在此住下。

※

從此，虛雲開始試粥試飯，每日在龍泉庵為眾作務，並從融鏡老法師修習天台止觀法門。其時，老法師已年逾八旬，精研戒律，兼通宗（禪宗）教（天台宗），在整個天台山德高望重，十分受人尊敬。虛雲在龍泉庵侍奉老法師左右，一改昔日面貌，白天勤勞作務，夜則伴老人趺坐參學。安心修習，妄念頓消，亦時有所啓發，因而常得老法師讚許。

一日雨夜伴師趺坐，但聞窗外雨聲瀝瀝，溪水湍湍不止，大地益顯得分外寂靜。虛雲忽然有所感觸，即披衣起坐，即興賦詩：

苦雨積薪微，寒燈夜不輝。
濕雲霾石室，滑蘚掩柴扉。
溪水湍無厭，人言聽更稀。

虛雲

安心何所計，趺坐覆禪衣。

融鏡法師見虛雲根利志堅、悟性頗高，將來必成大器。因此除教習天台教觀外，還教看「拖死屍是誰」的話題。為使虛雲將來能遊方弘化、振興佛教，還令虛雲多參佛座。同治十一年（西元一八七二年）至十三年（西元一八七四年）之間，奉老法師之命，往本山最大道場國清寺參學「禪制」，並習《法華經》等天台經教。時或返華頂茅庵伴融鏡老人。

光緒元年（西元一八七五年），虛雲又奉老人命往高明寺聽敏曦法師講《華嚴經》。敏曦法師乃天台宗一代名僧，他早年出家，長於講經授戒，尤擅《法華》，法壇遍於江浙一帶，影響深廣。敏曦與弟子諦閑等的早年活動，曾使受太平天國衝擊的江浙一帶的佛教（主要是天台宗道場）漸漸恢復。虛雲從之習經，尤得《法華》精義，亦頗受敏曦老法師器重。

虛雲在天台諸剎參學數年，於天台教觀已頗得其要領。回到華頂龍泉庵後，融鏡老法師語重心長的告訴虛雲：「學佛乃大丈夫事。無論志學何宗，要當以證得無上菩提為歸。若欲達此，首當自廓其胸襟，除門戶之見，廣其識見，窮理於諸說，行腳遍於天下，然後以教乘戒行，滋茂福德，始能成就法門龍象。」為讓虛雲增長閱歷，乃命虛雲下山往四大名山處參訪高僧大德。

虛雲尋思：自離開鼓山穴居，隨侍恩師融鏡老人左右，蒙老人言傳身教、指點迷津，使自己改邪歸正，而師徒之情亦日篤；又在天台諸刹參學數年，於天台宗要旨頗有所得，但仍自覺「通身病未除」。老人命自己往參四方大德，其實自己亦早有此志，然而一旦離去，不無依戀之意。

一連數夜師徒作徹夜長談，竟有道不完的別語。臨行時，老人親自將虛雲送至山下，師徒互致珍重，虛雲灑淚拜別恩師。從此，虛雲開始了他一生中最富有傳奇色彩的雲水生涯。

※

虛雲下山後，擬先朝南海普陀及江南禪門四大叢林——揚州高旻寺、鎮江金山寺、常州天寧寺、寧波天童寺。四大叢林歷來嚴格戒行、倡導苦修，因而高僧輩出，向為禪門典範。

虛雲先到寧波奉化雪竇山，在岳林寺聽《彌陀經》畢，即渡海朝普陀山，遍參普濟、法雨、慧濟等南海諸刹。在此度過西元一八七六年春節後，便渡海返回寧波，至阿育王寺寄火食，三元一月，拜舍利二藏，以報父母劬勞之恩；然後至天童寺，聽《楞嚴宗通》；旋又西行至杭州朝三天竺及各處聖境，在杭州半山禮天朗和尚；轉道北上，至常州天寧寺，參禮清光和尚，再至焦山禮大水和尚；至鎮江金山寺親近觀心和尚、新林和尚及以苦行著名的大定和尚；再至揚州高旻寺禮朗輝和尚，在高旻寺禪堂度過了西元一八八二年新年。至此，虛雲在江浙一帶從名山耆宿習經參禪，前後凡七年。

其時正值江南諸大叢林漸漸從戰爭的創傷中復甦過來，但復興道場不忘修持，四大叢林及諸山大德名宿窮參力究，修持上無有半點懈怠，給虛雲留下了深刻的印象和深遠的影響。在雲遊及參學途中，虛雲從未懈怠修行，使其禪功尤爲精進。

虛雲在行腳途中曾遇到這樣一件事情。那是光緒三年（西元一八七七年），時際三伏（注：夏季），虛雲正乘坐在由寧波駛回杭州的船中。由於杭甬之間賈客往來頻繁，船小人多，男女雜處。不得已，虛雲的臥鋪恰與一青年婦人臥鋪相連。

按虛雲正值中年，自棄鼓山穴居生活後，試粥飯、著衣衫，生活漸漸復原。雖係出家人，但偉岸、健實的身軀，自然透露出一股中年男子特有的成熟和魅力，因而不時招來鄰鋪女子傾慕的目光，幾欲與虛雲搭話，但虛雲只管閉目打坐，不予理睬。

至是日深夜，虛雲和衣而臥。恍惚之間，覺得有人撫摸自己的身體，突然驚醒。只見鄰鋪婦人不知何時移至虛雲臥鋪一側，且雲鬢鬆散，袒露酥胸，正欲挑逗虛雲。虛雲見狀不敢聲張，急起趺坐、持咒。青年婦人也只得自覺的回到自己鋪上，不敢再輕舉妄動，直至天明。

這件事雖然看似不大，但虛雲卻吃驚不小。倘若斯時迷失覺照，則數十年修持之功毀於一旦。至晚年，虛雲在回憶當時情景時，仍不忘藉此告誡出家人；須慎重修行，不得片刻懈怠！

五台還願

數年的遊方參禪，使虛雲對大乘佛教諸宗，特別是天台、禪宗之教旨頗有所悟，奠定了其一生佛教入世的思想基礎。但虛雲仍感到：自己割愛辭親，出家已有二十餘年，仍是道業未成，隨風飄蕩，心生慚愧。慈母的遺容、老父親的教誨不時在腦海中浮現。同時，積壓在心中多年的報答父母劬勞之恩的宿願也愈來愈強烈。光緒七年（西元一八八一年），虛雲在揚州高旻寺參訪時即發心再朝南海普陀，由南海普陀三步一拜，北朝五台，以還宿願。

虛雲在高旻寺禪堂禪坐過冬以後，就告別了朗輝和尚，即南下再朝普陀山。春天的普陀山，海風和煦，草木爭榮，景致萬千。望著這海天佛國美麗宜人的景色，虛雲心中卻異乎尋常的平靜。虛雲在山中靜休了數月，結識了徧眞、秋凝、山遐、覺乘四位禪人。當徧眞等四人得知虛雲之大願時，十分驚歎。此去五台，路程有數千里之遙，其間山重水複，千難萬險可想而知。即使步行往朝，已是艱難無比，何況拜行？非悲願宏大、意志絕堅者不能竟也。四禪人被虛雲的大願感化，意欲同行朝拜。

光緒八年（西元一八八二年）八月十四日（農曆七月初一），虛雲在普陀山法華庵觀音座前發願起香；三步一拜，直拜至五台爲止。徧眞等四禪人亦附香同行。發願畢，五人即渡海啓程。

虛雲等五人背負行囊，手執香凳，且拜且行，因而每日行程不多。至胡州時曾稍作停留，數月後方至常州，而此時徧眞、秋凝、山遐、覺乘四禪人難耐路途之艱辛，漸皆退去，放棄了朝拜。虛雲絲毫不爲所動，仍勇往直前拜行。是年歲末行至南京江寧牛首（頭）山——佛教「牛頭禪」之祖庭，遂入山中弘覺寺禮拜唐法融祖師塔。渡過長江之後，在浦口獅子山寺度過了新年春節。

※

次年初，由南京獅子山寺起香，從蘇北經皖北鳳陽、亳州入河南省境內，由吳陵、嵩山少林寺至洛陽白馬寺。一路上皆曉行夜宿，無論風雨晦明、嚴寒酷暑，均如是行、如是拜，一心只念觀音菩薩聖號。舉凡饑飽寒溫苦樂，皆置諸腦後，而虛雲之願行亦愈益堅決。就這樣，於是年歲末拜行至黃河邊鐵卸（又名鐵謝）渡口，在光武陵下尋一旅店住下，在這裡度過了光緒九年（西元一八八三年）大年初一（西曆二月八日）。

次日早起至渡口，因來往客稀，渡船也少。待趕上渡船，泊至對岸，天色已晚。

時天寒地凍，西北風正緊。虛雲不敢再行，四顧亦無人煙，惟見小道旁有一已廢棄了的過往小攤販之小茅蓬，四面透風，亦無人住。虛雲只好在此間歇足，俟天明再行。入夜，空中烏雲密布，北風一陣緊似一陣，接著紛紛揚揚的飄起了鵝毛大雪。深夜，天氣愈來愈寒冷。虛雲不敢倒臥，只是趺坐過夜。

次日天明，虛雲舉目往茅蓬外望去，外面白雪皚皚，蒼茫大地已化作一片銀色的琉璃世界。雪深盈尺，道路被封，已無法辨認，過往無人，不知去向如何，更無法生火做飯。既而雪愈大，寒愈甚，腹愈饑。而破茅蓬並無遮攔，無奈，虛雲只得在茅蓬的一角端坐念佛。雖然氣候惡劣，但虛雲告誡自己：只要一息尚存，則正念不忘，絕不中途退轉。

一天、二天、三天過去了，風雪仍不減分毫，饑寒交迫，虛雲漸漸進入昏迷狀態。到第四天，即二月十三日午後，雪方止。虛雲倒臥於冰雪之中，微微感覺到雪後初晴的陽光斜照，但由於病勢已十分沈重，竟動彈不得。

十四日午，虛雲隱約聽見有人問話，便吃力的睜開雙眼，見一丐者立於身旁，然口已不能言語。

丐者知道虛雲被嚴重凍傷，便將覆蓋在虛雲身上的冰雪撥開，扶虛雲坐起。然後用茅蓬草烤火煮小米粥，令虛雲食下。虛雲得暖氣才漸漸清醒過來。

丐者見虛雲復甦，方問從何而來？

答曰：「南海普陀山。」

問：「欲何往？」

曰：「朝拜五台。」

虛雲問丐者：「貴姓名何？」

答曰：「姓文名吉。」

問：「往何處去？」

文吉曰：「來自五台山，回長安去。」

問：「既是來自五台，與寺中有來往否？」

文吉曰：「寺中人皆識得我。」於是虛雲便問由此往五台山之路徑及路程遠近，文吉便告訴虛雲沿途所經之地；由孟縣、懷慶、黃沙嶺、新州、太谷至太原、代州、峨口便可到達五台山，約有二千里路程。

文吉還告訴虛雲：「若先到秘魔巖，此處有一南方僧名清一者，行持甚好，可往參之。」

及至天已放晴，文吉又取雪放入釜中，指問虛雲：「南海有這個嗎？」

虛雲曰：「無。」文吉問：「吃什麼？」

虛雲曰：「吃水。」

及釜中雪溶後，文吉又指釜中水曰：「是什麼？」

虛雲竟無語以答，知文吉實乃一高士也。

文吉又問何故朝拜五台，虛雲便告以「生不見母，爲報親恩」。

文吉又道：「你背負行李，路遠天寒，何時能到達五台？我勸你還是不必拜香了。」

虛雲則答道：「誓願早定，不問年月遠近也。」

文吉見虛雲志大氣剛、悲深行苦，非比尋常，便說：「你願難得，現今天氣好轉，但雪尚未化，無路可尋，你可循我來時的足跡行去罷。此去二十里有小金山，再行二十里至孟縣，有寺可住。」

虛雲謝過文吉救命之恩，二人遂作揖而別。因雪太深，無法跪拜，虛雲便顧禮文吉之足跡西行而去。

當日便抵達小金山，在此掛單。翌日晨，復起香拜行，經孟縣至懷慶（沁陽）。將抵洪福寺時，途遇一老僧，自稱德林，見虛雲在路上拜香，走近前去將香凳接著，對虛雲行禮：「請上座進寺。」隨即喚來弟子將虛雲行李搬入寺內。

老者殷勤招待茶後，待虛雲用飯畢，問拜香緣由，從何拜起？虛公乃略述報恩情由，從南海普陀起香至此，已有二年。

從交談中，老人得知虛雲祖籍湖南，出家於福州鼓山，觸動舊情，不覺淚下，言道：「我有同參三人，一籍衡陽，一籍福州。昔日我三人相伴朝山，同住林下三十年。後各自分手回籍，至今消息斷絕。今聞上座湘音，又是鼓山佛弟子，恍如見到昔日同參，故而不覺動念，我如今已有八十五歲了。本寺原甚豐富，近歲稍歉。此場大雪，明年必豐收。懇請上座在此多住些時候。」

老人言辭至誠懇切，虛雲聽後亦為之感動不已。雖大願未了，但也不忍拂逆老人的心，加之凍傷嚴重，拜香行進，已是十分艱難，於是在洪福寺住下，伴德林老人。

※

虛雲在洪福寺住了將近一年，至次年正月，決定啟程。正月初二（西元一八八四年一月二十九日），虛雲由洪福寺起拜香，抵懷慶府後，復回寺寄宿。次日晨與德林老人道別，老人大哭不捨，互致珍重後期而別。

是日復至府城內小南海，但該寺不許外來僧人掛單及留宿，不得已出城外露宿道邊。自去年初在黃河邊受寒凍傷，至今身體尚未痊癒，今又遇風寒，至是日夜虛雲忽覺腹痛劇烈。次日一早照常拜行，至晚，身體開始發冷，不日又患痢疾。

虛雲仍是每日精進拜行，步履艱難，一月九日抵達黃沙嶺後，已是實在無力行走，便在山頂一破廟內歇下。此時虛雲身體虛弱至極，水米不進，且每日夜腹瀉數十次，肢體沈重，起動無力，衣衫已無一淨處。破廟地處山頂，無遮無蓋，亦無過往行人至此。虛雲以爲行將瞑目待斃，但心中仍無絲毫後悔之念。

捱至二月十一日深夜，忽見廟內西牆下有人燃火，虛雲懷疑是匪盜之類，定目細看，見是文吉，心中大喜，忙呼喊道：「文先生！」

文吉一聽，吃了一驚，執火來照，曰：「德清師父！怎麼還在這裡？」

聽虛雲訴說經過後，文吉嗟歎不已，即坐在虛雲身邊好言撫慰，拿一碗開水讓虛雲喝下。乍見文吉，虛雲心下大慰，病情也一下子好了許多。

次日，又服下文吉調製的一碗藥水，連食二碗黃米粥，出了通身大汗，內外輕鬆，病癒大半。

虛雲非常感激地望著文吉說：「兩次危險都蒙先生救濟，德清感恩不盡。」

文吉說：「此小事也。」

虛雲便問文吉從何處來，文吉說自長安來，欲返回五台。

虛雲道：「可惜我在病，又是拜行，不能追隨先生。」

文吉勸道：「看你從去臘到今，拜路不多，哪年能到五台？你身體又不好，絕難進行，不必定拜，朝禮亦是一樣。」

「先生美意可感，但我出世不見母親，母親爲生我而死，父僅得一子，我竟背父出逃，致使父親因我而辭官，而促壽。昊天罔極，耿耿於懷已數十年矣。特此發願朝山，求菩薩加被，願我父母脫離苦海、早生淨土。任他百難當前，非到聖境，死亦不敢退願也。」

虛雲的這番話語，亦使文吉深受感觸。見虛雲誠孝之心堅固，遂不再勸阻，乘順路之便，願代虛公負行李，伴送一段路程，以減輕其負擔。

虛雲從內心中感激文吉，於是也不推辭，「若能如此，先生功德無量。倘我拜到五台，願以此功德一半迴向父母，早證菩提，一半奉送先生，以酬救助之德，如何？」文吉當即表示不敢當，只是順便相助，不必答謝。

四日後，虛雲病已大退，便扶疾起香。從此虛雲所攜之行李及歇足作飯，均由文吉負擔，由於外無物累、內無妄念，病亦日癒，體質也漸恢復。由辰旦起至日暮，每日可拜行四、五十里，也不覺苦累。

二人於四月下旬到達太谷縣離相寺。時住持參學林下，二人見過知客僧禮畢，知客望著文吉問虛雲：「此是你什麼人？」告以故。

知客忽變臉色，厲聲道：「出門行腳，不達時務。這幾年北地饑荒，朝什麼山？什麼大老爺？要人服侍，欲想享福，何必出門，你見何處寺門有俗人掛單？」

虛雲聽其喝責、不發一言，便欲告辭。

知客又道：「豈有此理，怎能由你自便？」

虛雲聽話頭不對，轉身對文吉道：「這位文先生，請到客店暫住一宿，我在寺門此打擾一單，如何？」

知客方答道：「可爾。」

文吉便道：「此去五台不遠，我先回去，你的行李不久會有人代你送上山。」虛雲苦留不住，取銀兩酬謝，文吉卻之不受。

文吉走後，知客忽改顏換色，和氣送單，又引之到灶房熱炕，上茶，親自做麵餅陪吃。

虛雲奇異其舉動，環顧左右無人，問曰：「此間有多少常住眾？」

知客道：「我在外江多年，回到此間住持。連年饑荒，如今僅只留得我一個，糧亦如此。適才舉動，是遊戲耳，望勿見怪。」

虛雲被其反常之舉動弄的啼笑不得，勉強吃了半碗麵，即告辭。而知客亦無心留單，任其去也。

※

虛雲到街上旅店尋訪數日，皆未見文吉。至五月十二日（陽曆），明月懸空，虛雲爲追趕文吉，日夜兼程向太原府拜香行進，因心急上火，次日腦熱，鼻流血不止，二日後到黃土溝白雲寺。知客僧見虛雲口鼻流血，不准掛單。勉強在寺內過一夜，次晨入太原城，至極樂寺，飽受寺僧責罵，且不讓掛單。

十六日晨出城禮拜至北門外，遇一年輕僧人，名文賢，見虛雲即近前招呼，接過拜凳行李，請進寺內，領至方丈室陪茶飯。

虛雲甚覺怪之，問：「大和尚似二十餘歲，又係外省人，何以在此住持？」

僧人答：「我父親在此做官多年，後在平陽附任上被奸臣所害，母亦氣殞。我含淚出家。此間官紳與家父舊有往還，故邀至此。早想擺脫，今瞻上座道風，心甚傾服，請在此間長住親近。」

虛雲告以發願拜香緣由，青年僧人十分敬信，堅留虛雲在此住十餘日方放行。文賢所贈衣物旅費，虛雲概不領受。臨別時，文賢又代虛雲攜凳相送十餘里，灑淚分手。

虛雲繼續向忻州進發。一日正在拜香途中，聽得後面來一隊軍馬，緩行於虛雲之後，不欲超前。虛雲覺察之後，避之道旁。車中軍官乃下車，趨前問道：「大師在路上拜什麼？」

聽口音亦爲湘鄉人，虛雲心中歡喜，乃告以故。二人談甚暢洽，官人告曰：「我現駐峨口白雲寺，你朝五台必經之地，你之行李，我代你先送到。」未等虛雲示謝，官人上車逕去——果應文吉所言，有人代送行李。

六月初，虛雲拜至白雲寺，原來代送行李者，即駐該營營官也。見虛雲來到，迎請至營部，十分優待。在寺內休息三日後，即向軍官辭行。臨別，軍官贈送虛雲不少盤纏禮物，虛雲一概辭受，軍官另派兵丁將行李等物逕送達五台山顯通寺。

虛雲自白雲寺起香，行至圭峰山祕魔巖，隨即依文吉所囑，往拜晤清一法師。清一係南方人氏，出家後雲遊至此，獨居巖穴隱修已有多年，其苦行之名遠近聞名。虛雲與之相晤甚契，二人自是結爲至交。

六月二十日，虛雲終於抵達五台山顯通寺——五台諸剎中規模最大、最老的一所寺院。虛雲在顯通寺住下後，先到附近各寺進香，並且到處打聽文吉其人，竟無一人知之：後與顯通寺一老僧細說情由，老僧合掌讚歎：「此文殊菩薩顯靈化身也。」

虛雲幡然醒悟：若非文殊菩薩顯聖相助，自己安能克服重重磨難，順利抵達五台？即向文殊殿頂禮致謝。

接著，虛雲自顯通寺起香，分拜東台、北台、中台、西台、南台五台，自七月十四日拜起至八月十五日拜畢回顯通寺，然後參加六月（農曆）大佛會。至此，虛雲為超度父母拜香，由普陀山拜至五台山還願，前後歷時三年方畢。

三年當中，除因疾病所困、風雪所阻，不能拜香外，一心正念未斷。途經浙江、江蘇、安徽、河南，渡黃河，入山西境內，歷盡千難萬險，行人之所難行，忍人之所難忍，乃至感動文殊菩薩顯身相助。虛雲每每藉境驗心；愈艱苦處，愈覺心安，故而道業日隆，正如古人所謂：「消得一分習氣，便得一分光明；忍得十分煩惱，便證十分菩提。」

南行朝聖

虛雲在三年的朝拜途中，自普陀而江浙而中州而黃河而太行，勝地名山，說之不盡。虛雲雖從古今遊記中早已領略，但怎及親身經歷其境之爲快。五台山乃文殊菩薩道場，素稱「華北屋脊」。千丈寒巖，萬年積雪，石橋橫鎖，古刹懸空，非他處所及。

虛雲到達五台時正值盛夏，然山中氣候涼爽宜人，不愧爲「清涼勝境」。但是虛雲在拜香期間，一心正念，不及觀賞。如今大願已了，遂決定乘此輕快之心情繼續此行，一覽此地勝境，也算是彌補三年朝拜時的一個小小的缺憾。

光緒十年（西元一八八四年）八月三十日五台山大佛會圓滿之後，虛雲再次拜謝文殊菩薩救助之恩。此時虛雲朝山所帶的乾糧已盡，僅攜三衣一缽，輕裝下山。經華嚴嶺北行，至大營渾源南境，朝北嶽恆山。從虎風口直上入「朔方第一石坊」，詣廟進香下山，至平陽府（今臨汾）朝南北仙窟及城南堯廟；南行至蒲州盧村，禮漢壽亭侯關羽廟。然後渡黃河，越潼關，入陝西境，登西嶽華山，經攀鎖上千尺幢、百尺峽及老君犁溝等名勝，逗留八日。慕伯夷叔齊之志，繼遊首陽山；至陝西西南香山觀音寺，觀莊王墳。入甘肅境，經涇川平涼等地至崆峒山。光緒十一年（西元一八八五年）春復入陝境，經咸陽至古城長安（今西安）。

故都長安，城垣雄偉，有許多名勝古蹟，而尤多佛教勝跡。最著名的當數大唐三藏慈恩寺。寺內大雁塔，高七級，塔內藏有唐代以來文人雅士題碑甚多，如〈大秦景教流行中國碑〉等。在長安府學宮前爲著名的長安碑林，有七百餘種之多。虛雲朝禮了慈恩寺及大小雁塔後，至城東觀「陽關三疊」處；至華嚴寺禮杜順和尚塔、清涼國師塔，又至牛頭寺、興國寺禮玄奘法師塔。逗留數日後，出長安城繼續南行，來到了著名的終南山。

終南山，從陝南連接蔥嶺，綿延萬餘里，俗云：「萬里終南，八百里秦嶺。」《大唐西域記》曾謂，終南相屬數千里，未嘗間斷，該山爲天下之祖，出異類之物，不可勝數。自隋唐以來，終南山爲佛教勝地，建有大小寺院數百座，歷來香火較旺。後關中兵禍頻仍，諸寺多荒蕪敗廢。但明清以來，海內高僧大德慕名來此隱居苦修者從未間斷。

終南山北麓有五座支峰，爲清涼、文殊、舍身、靈應、觀音，又稱南五台，爲終南靈秀所聚。虛雲雲遊至此，見有不少高人在此或穴居或結茅潛修。其中有治開、法忍、覺朗、體安、法性等上人，虛雲在江浙時曾聞其名。治開為禪門名僧，原籍江蘇揚州，早年出家，後苦行遊方，歷參杭州、普陀山、天台山諸大德。同治十年（西元一八八一年）至常州天寧寺，隨侍方丈定念參禪誦念，被許為法嗣。不久又離開常州行腳參方。其禪功造詣之深為禪門公認。後來繼敬安禪師之後，曾被推為中華佛教總會會長。法忍為天台宗名宿，精研教典。後來，一代名僧月霞法師曾從治開及法忍參學多年。覺朗、體安、法性諸上人亦為南方僧人。五人相約在此結茅潛修已有多年。時法忍師住老虎窩，治開住捨龍椿，法性住湘子洞，覺朗、體安同住大茅蓬。

虛雲參見過諸位上座，言晤之際頗為投緣。諸上人亦挽留虛雲同住修行。虛雲慕終南清靜，心下亦有此意，於是在南五台住下，與覺朗、體安同住在大茅蓬中。自此，虛雲與諸位上人每日參究《楞嚴》、《楞伽》、《法華》諸經，夜則禪坐觀心，靜心潛修。

不知不覺之中，已是兩年過去了。諸上人之中，有禪、有教（天台）、有淨（土），但由於明清以來，佛教各宗之間相互攝融成為主要趨勢，各宗之僧往往覺得單修本宗法門有所不足，常常是禪淨雙修、宗教並弘。虛雲共諸上人參禪習經念佛，自覺甚有饒益，亦漸漸形成其禪教淨律諸宗平等一致的禪學思想。

※

光緒十三年（西元一八八七年）初，虛雲決定繼續西行參訪，擬先朝峨眉，由川入藏，朝喇嘛教諸刹，再出國境，往佛教發祥地——印度朝聖，再經緬甸回國，朝雲南雞足山。

三月，虛雲辭別法忍、治開諸法師獨自下山。行至翠微山，禮皇裕寺、宣祖塔、鳩摩羅什法師道場等處；經太白山，時值七月夏季，然山頂仍有積雪未溶，復南行至漢中府（即南鄭）觀漢高祖拜將台，包城諸葛廟，張飛萬年燈諸名勝，隨即轉入四川境內。

李白有詩云：「蜀道難，難於上青天。」虛雲自入蜀境，途經七曲山、九曲水，但見劍門關如削壁中截，兩崖相嵌如劍，其上棧道難行，誠所謂「一夫當關，萬夫莫敵」。轉眼又是一年過去了。自入川以來，虛雲踽踽獨行，僅攜三衣一缽，了無繫累，倘佯於風景如畫的巴山蜀水之間，猶如蕩滌著自己孤獨而歷經滄桑的心靈，身心亦似乎顯得格外澄淨透明。

光緒十四年（西元一八八八年）二月，虛雲由新都縣啓程進入四川省會成都市，朝禮昭覺寺文殊院及草堂寺、青羊宮等處，然後經華陽雙流南下眉山、洪雅，來到著名的普賢菩薩道場、四大佛教名山之一的峨眉山腳下。

虛雲由山下伏虎寺九老洞（即趙公明修行處）上山，直達峨眉主峰——金頂普光殿。時值普光殿剛剛修繕畢，其中最引人注目的是在殿後最高處，建有銅鑄佛殿一座，闊二十餘公尺，深數公尺，在陽光下光芒四射，故稱「金頂」，爲秀甲天下的峨眉山色之最佳處。

虛雲在普光殿進香已畢，當日就在殿中住下。入夜，虛雲至金頂觀峨眉佛光，但見峨眉全境萬盞明燈如天星繁聚，其中勝境，說之不盡。次日，虛雲慕名至寶光寺參訪應眞禪師。應眞法師窮參力究之功名聞遐邇，其禪功常達身心俱忘、寂照其境之境界。虛雲在此住十餘日，相與談禪，甚相契悟。之後又往報國寺、萬年寺、雷音等寺處朝禮，循萬年寺下山，繼續西行遊歷。

虛雲從雅州（今雅安），經滎經縣入瀘定。六月穿過長三十餘丈，搖曳動蕩、令人心驚的瀘定橋，就離開了四川境地，至西康省界。繼續西行，經打箭爐裡塘、巴塘、昌都、碩督、阿蘭多、拉里至江達（即太昭），穿過了地廣人稀，漢、藏、蒙、猺、獞等種族雜處的西康省，即到達了信奉喇嘛教的西藏境界。

虛雲每日登山涉水，常常是數百里不遇一人。日出而行，日入而棲，鳥獸異於中原，語言複雜，風俗殊異，能通漢語者百之一二耳。如是行及半年，由川入藏，過烏蘇江，越拉薩河，終於到達了虛雲嚮往已久、似乎蒙著一層神秘面紗的藏傳佛教的中心基地西藏首府拉薩。

到達拉薩後，虛雲先朝位於拉薩西北瑪布日山（即紅山）的著名的布達拉宮。布達拉爲梵文音譯，意爲「佛教聖地」，由西元七世紀初吐蕃松贊干布爲迎娶唐太宗之女文成公主而建造。係宮堡式建築群，依石砌疊，殿宇重迭，巍峨聳峙，金壁輝煌。它既是當時西藏政教合一的政治中心所在，也是歷代達賴活佛的冬宮（坐床之所）。時有喇嘛僧眾二萬餘人。

在拉薩附近還有哲蚌寺（西郊）、甘丹寺（東郊）、色拉寺（北郊），爲拉薩三大寺，亦各有僧數千人，有時實際人數則超萬人，是名符其實的佛教聖地。然由於英國侵略勢力早在幾年前已進入西藏，在拉薩不時可以看見英國的傳教士和商人在此頻繁活動，加上此地語言不通，能通漢語者寥寥無幾，虛雲無以參訪，只好在各處進香，一禮活佛而已。

接著又西行經貢噶、江孜至日喀則（即扎什倫布）。市西有扎什倫布寺，依山傍水而建，周圍築有城垣，建築宏偉，廣及數里，爲藏傳佛教格魯派的第四大寺，亦是班禪四世以來歷世班禪活佛的坐床之所，有喇嘛僧四、五千人。

格魯派僧人均戴黃帽，俗稱「黃教」，是西藏地區十五世紀以來最大的佛教宗派，由宗喀巴大師（西元一五三七—一四一九年）融合當時各教派所創，兼具西藏各派教義之長。

但在西藏同時還存有寧瑪派（道服為紅色，俗稱紅教）、噶舉派（道服為白色，俗稱白教）、薩迦派（因寺廟圍牆塗有分別象徵文殊菩薩、觀音菩薩和金剛手菩薩的紅、白、黑三色花條，俗稱花教）等教派，派別林立，各守門戶，在教義及修行上同中有異。與漢傳佛教僧人茹素的習慣大相逕庭的是，藏傳佛教中無不准食肉的戒律，因而喇嘛僧人多食牛羊肉。

其實，在今日印度及流傳南傳佛教的斯里蘭卡、緬甸、泰國及我國的蒙藏傣等族僧人，都無食素的規定；而從歷史上看，漢地佛教禁葷茹素的規定，是由梁武帝蕭衍的提倡才開始在我國盛行的。但虛雲為漢地僧人，且自幼即不喜葷腥，因而來到西藏後，自然難以適應此地的生活習慣。

虛雲由西藏佛教派別林立、僧服迥異及與漢地佛徒在教制及習俗上的諸多差異，聯想到昔日釋迦世尊在舍衛城南祇園精舍說法時，令眾生悟「一切法皆無常」故，四眾弟子普沐教澤，不禁感到一種莫名的悲哀。

光緒十五年（西元一八八九年），虛雲回到拉薩度過新年春節後，不欲久留西藏，決定繼續南行，沿著當年上座部佛教南傳的路線繼續遊歷朝聖。從拉薩出發向南，經亞東（即茅屯）——由西藏往印度的第一門戶，翻越崇山峻嶺，穿過了號稱世界屋脊的喜馬拉雅山。喜馬拉雅山古稱雪山，當年曾吸引無數高人隱士（包括釋迦世尊）入此潛修。

望著這潔白無垠、橫亙天際，在湛藍的晴空下顯得如玉般晶瑩的神秘世界，虛雲不覺心曠神怡、感慨萬千，即興吟頌古人的讚詩；「何物橫天際，晴空入望中。這般銀世界，無異玉玲瓏」。

翻越雪山，經不丹國即來到佛教聖地印度。不過，早在十二至十三世紀，佛教在印度滅絕以來，其聖地也被印度教的浪潮所吞沒，佛教文化中心亦隨之東移。虛雲在印度未作停留，只在揚甫城朝禮佛之古蹟後，便至孟加拉大埠，渡海至南傳佛教的中心——錫蘭（即斯里蘭卡）朝佛教聖地，然後即附航至「佛塔之國」緬甸（緬甸已於西元一八八六年，被英國帝國主義殖民者吞併）。

作爲緬甸象徵的仰光「瑞達光大金塔」，蔚爲壯觀，給虛雲留下了很深的印象。據說該金塔始建於釋迦牟尼佛成道不久，塔高一百餘公尺，周圍繞有六十四座小塔，皆以金箔嵌鑲，塔頂則用金屬寶傘裝飾，上嵌有六百六十四顆紅寶石，五百五十一顆翡翠，四百三十三顆金剛石，在陽光下金光四射，數里之外亦能見其光彩。在緬甸的摩羅緬吉帝利，也有一處奇異的佛蹟：有一塊巨大的怪石，相傳是目蓮尊者以神力運來安置，來此朝禮者亦甚眾。

虛雲南行遊歷時，正值南亞各國佛教復興浪潮洶湧之際。在錫蘭，由於英國殖民統治與基督教文化擴張的刺激，以達磨波羅爲首的佛教徒，在當時的科倫坡及印度的菩提伽耶等地，建立了具有近代組織形式的大菩提會，開展保護佛教遺蹟、編輯巴利文佛經等活動，從而獲得占錫蘭人口大多數的僧伽羅族人民的普遍擁護，成爲錫蘭民族主義的宗教象徵。

而緬甸自被英國占領，占緬甸人口大多數的佛教徒不甘屈服，利用佛教抵制英國的殖民化政策。其他如東埔寨、越南、泰國及東亞的日本、韓國等的佛教復興運動亦此起彼伏、方興未艾。

虛雲自年初由西藏亞東離境入南亞以來，行蹤匆匆，轉眼已是半年過去了。在此半年內，雖然只是走馬觀花般的朝禮了南亞各處佛蹟，但各國蓬勃興起的佛教復興運動，使虛雲深受鼓舞。是年八月，當虛雲行至緬甸東部臘戍時，便決定啓程歸國。

虛雲法師此次遊歷南亞，一方面將各國佛教復興的信息帶回國內，促使了面臨衰微之勢的中國近代佛教的復興，同時也開啓了中國與南亞諸國佛教文化交流之先河。清末民初，許多著名僧人如釋曼殊、晴朗、清福、道階、覺先、月霞、太虛等，繼虛雲之後循此路線或往南洋諸國朝聖，或考察佛教復興的現狀，往來不絕。

第三章　苦修證道・燃指病癒碎杯悟

燙著手，打碎杯；家破人亡語難開，
春到花香處處秀，山河大地是如來。

初至雞足

虛雲

滇南古稱阿育王舊封，佛法早被。清朝詩人吳梅村（偉業）嘗有「洱水與蒼山，佛教之齊魯」的詩句。而雞足山，又爲滇南佛教之樞紐。西元一八八九年夏，虛雲由緬甸臘戍啓程，過漢龍關，即結束了短暫的南亞之行，回到了中國滇南境內，擬往雞足山禮迦葉尊者。經龍陵、蒙化、下關等地至大理，遊覽了滇中名勝洱海的風光。但聞洱海銀濤，聲傳數里，十分壯觀。渡過洱海後，繼續北行，於八月二十六日來到賓川縣境內的滇南名勝——雞足山麓。

雞足山山勢背西北、面東南，前伸三支，後出一趾，形似雞足而得名。此山因傳爲迦葉尊者入定坐化之處，故在南亞一帶亦頗負盛名。山下有安邦大王廟，內奉有八護法神像。相傳當年迦葉尊者入山時，由八位古印度國王護送至雞足山腰的嗚歌坪。八位國王不忍離去，遂隨尊者留在山中修行，終成八位護法神。雞足山巖重疊，在最高峰天柱峰下，有巖壁宛若城門，人稱「華首門」。相傳迦葉尊者在石門內修定，後阿難尊者來朝，至懸崖前，石壁忽開，自成一道石門。阿難尊者由門入內，見迦葉在內，作入定狀。今見巖壁（華首門）高數十丈，寬十餘丈，雙門關閉，但門縫顯然，可容人出入，令人歎爲觀止。

八月二十七日，虛雲由山麓「靈山一會坊」直上迦葉殿（即華首門），由石門入殿內進香，忽聽大鐘「噹、噹、噹」三聲巨響。時山中遊客及作嚮導的土人甚多。當地民眾聞鐘聲均歡呼雀躍，稱「有異人至」，爭相擠入石門內，但見破敗的大殿中只有虛雲法師一人在此拜香。原來雞足山有一習俗，若聞鑼鼓魚磬聲起，則必有高人來訪，且以鐘響巨響最爲難得。

一千人對虛雲頂禮道：「我等曾聞一、二次鼓磬聲，從未曾聽到大鐘聲。今師父禮拜聞大鐘聲，其有道乎？」

虛雲連稱不敢，不敢！內心亦在尋思：莫非自己果與雞足有緣？辭別眾人之後，即往山頂天柱峰及各處佛蹟觀禮。

據《雞足山志》記載，雞足山於三國蜀漢時開山，唐時曾擴建。香火最盛時全山有三百六十庵，七十二大寺。寺廟星羅棋布，爲雲南佛教第一名山。但入清以來，雞足山佛法始漸陵替。至今，山主峰僅有銅殿一所，楞嚴塔一座，而全山不足十寺，且佛門戒律已蕩然無存，僧伽與俗人無殊，全失僧規；娶妻生子，不禁酒肉，子孫相承世襲寺產。山寺周圍五百里以內，非本山子孫不准在山中任職，亦不留外來僧人掛單。且各寺之間互不相容，爲寺產土地等事，訴訟時生。

眼見雞足山道場衰敗至此，念及昔日雞足佛法之盛，十方禪剎化爲子孫相襲，滄海桑田，不由得令人長歎！虛雲遙望華首門，默默的向迦葉尊者祈願：來日有緣，將募修迦葉殿，重振雞足山。按南禪一系流衍至明清，原先的禁欲主義假惠能「我心即佛」發展爲摒棄戒律，乃至爲縱欲主義，演成狂禪。虛雲對狂禪之弊深惡痛絕。若欲重興雞足禪風，當自嚴格戒律始。然有心重振雞足，又不知機緣之何在也！

帶著憂慮及惆悵的心情，虛雲離開了雞足山。擬折向東行，先回湘籍，再往朝地藏王菩薩道場、四大佛教名山之一——九華山。經梁王山、九峰山、水目山、靈鷲山、紫溪山至楚雄府，便到西門外高鼎寺住下。

初到未幾，忽聞滿室蘭香，全寺內外亦可聞及。寺中執事僧隨即向剛剛歇足的虛雲法師表示祝賀：「今日蘭香滿山，乃上座之德所感。」

原來，據《楚雄府志》記載：「高鼎寺後之山有仙蘭，無人見其形狀，凡遇眞人自放異香。」因此，虛雲在寺中受到殷勤招待，住持和尙亦堅留之久住。虛雲以回湘心切，卻之，一宿即行。經昆明、曲靖達貴州平彝、貴陽，進入湘西境內。由麻陽、芷江、寶慶抵達衡陽，來到了給自己少年時代生活打下深深烙印的湘鄉老家。

※

闊別家鄉已有三十餘年，故鄉的青山未改，然人事已全非。家中自父歿後，庶母王氏即領田、譚二氏出家為尼，家中一切概交由叔父蕭蒲堂料理。田氏鵝英小姐原患肺疾（咯血），出家第四年即因病撒手西歸。蕭富國隨虛雲出家後，至今未見半點音訊，令其父蕭蒲堂傷心異常；蕭榮國（虛公之堂弟）與田氏之三弟又遠赴東洋，至今未歸；只有蕭華國在家繼續蕭氏宗嗣。然而這一切虛雲並不清楚。

自從往五台拜香結束，大願已了，虛雲亦不想與湘鄉蕭府再有任何牽掛。途經湘鄉時，虛雲遙望著家鄉所在的方向，心中默默為之祈禱。轉而至歧山仁端寺，參禮禪門名宿恆志和尚。

恆志老人禪功造詣頗深，且擅講經說法。同治年間，清末另一禪門高僧敬安（八指頭陀）曾在此從恆志和尚習禪，並過了五年的苦修生活。敬安第一次聽恆志老人說法，「如日照高山，大喜，溫身，不知門外積雪三尺，老松僵折矣」。因此，慕名來山從恆志老人學習禪者甚眾。虛雲亦在此日與晤談，時有發悟。逗留旬日後，辭別老人繼續北行遊歷。

到湖北武昌，在寶通寺，禮志摩和尚，從其習《大悲懺》法畢，即順江而下，赴九江入廬山，在海會寺禮志善和尚，然後參加海會寺念佛法會。進入安徽境內後，先遊歷了黃山風光，便到了青陽縣境內的地藏王菩薩道場——九華山。

在九華山神光嶺著名的肉身寶殿內，有座地藏王菩薩塔，即新羅國王近宗金喬覺的肉身塔。此塔係建於唐代，明代萬曆皇帝曾賜名「護國肉身寶塔」。歷來參拜者甚眾。十年前，肉身寶殿及寶塔被重新修繕。虛雲來此禮塔畢，又往摩空嶺朝百歲宮。

百歲宮原爲紀念明代由五台山來此結茅、百歲而逝的無瑕禪師而建。寺依山而築，形勢險峻，殿宇巍峨，上下有樓閣五層，曲折相通，虛雲久聞百歲宮寶悟老和尚戒行精嚴，其定力爲九華第一，乃往參之。

辭別寶悟和尚離開九華山後，虛雲即順江東行，來到近代著名的律宗道場——江蘇句容縣寶華山隆昌寺，往參聖性和尚。按中國佛教律宗在元明之際即趨衰落。明末清初，有三昧、見月等在寶華山建立律宗根本道場，專以授戒、勉修苦行爲事，近代律宗由是重興。從此寶華山歷代祖師，世世相傳，宗風不衰，影響近世佛教至重且大。時四方求戒者，咸至此問戒。

自三昧祖師傳至聖性，已爲寶華山十五世。虛雲見寶華山春冬傳戒，結夏安居，山規整肅，誠爲各山之典範，令虛雲深受鼓舞，似乎從中發現了重振衰微至極的近世中國佛教之良方。虛雲從聖性和尚學習戒律，同時也深深感到，傳戒如法、嚴守戒律是重振中國佛教的關鍵。時年關將近，應聖性和尚挽留，虛雲在寶華山度過新年（西元一八九〇年）春節。

此時距虛雲當初離開終南山已整整三年。三年以來，虛雲禪師出陝入川，穿西康，越西藏，再轉入南亞，遊歷了印度、不丹、孟加拉、錫蘭（斯里蘭卡）、緬甸，再返回國內，經雲南、貴州、湖南、湖北、江西、安徽回到江蘇，行程近二萬里。一路上遊覽觀光，聽經坐香，參訪朝山，期間除渡海河須航行外，餘皆步行，跋山涉水，頂霜雪、冒風雨，歷經荒漠、高原、戈壁灘、雪山草地及熱帶叢林、海灘島嶼，心月孤懸，境風日異。常常是日行數百里，有時一餐吃數人的飯食，有時則數日吃不上一頓飯，難得一日休息時間，但體力日強，步履輕捷，道行益加堅固，不僅不覺得行旅之苦，反思昔日放逸之非。正應古人所言：「讀萬卷書，須行萬里路。」因而新年之際，虛雲在寶華山隆昌寺欣然題下〈雲遊獨歸〉：

獨去獨歸得自由，了無塵念掛心頭。
從今眞妄都抛卻，敢謂寒山第一流。

虛雲

高旻證道

自光緒十一年（西元一八八五年），中法戰爭以清朝攻府喪權妥協（割讓安南）的停戰條約而告結束，至西元一八九四年甲午中日戰爭開始前的十年，是民族矛盾與國內社會危機處在潛伏期，對於動蕩劇烈的中國近代史來說，是一段相對平靜的歷史時期。

在這段時期之內，經歷了兩次鴉片戰爭及太平天國事件的重創之後，以江南許多寺廟的大規模修復、佛教經書的助印，及知識界、佛教界參禪研教成習爲標誌，極其衰落的近代中國佛教各宗，特別是中唐以來最爲盛行的禪宗、晚明以來振興的淨土宗以及律宗、天台宗、華嚴宗等開始漸漸恢復生氣。而江浙一帶佛教是受戰爭創傷最嚴重、同時亦爲恢復的最早的地區。虛雲雲遊回到江蘇，正值此地大規模修復名山名刹、刻經印書、講經說法。

光緒十六年（西元一八九〇年）開春，虛雲法師辭別聖性和尚離開寶華山，來到江蘇宜興。時值仁智和尚正重修顯親寺——密祖出家處。虛雲參拜了仁智和尚，便應邀在顯親寺住下，助其修寺。虛雲在此度過了夏天，便離開宜興，如約往句容縣赤山，幫助不久前由終南山潛修歸來的法忍和尚募修赤山道場——般若寺。

時有月霞法師在此任赤山首座，從法忍受學，並且常常在此分座說法；另有普照、印蓮諸法師等亦在此從學並助修赤山。虛雲亦在赤山與法忍和尚及諸師切磋經教，同登法席，獲益匪淺，並在此伴老和尚度過了是年冬天。

次年，虛雲離開赤山來到金陵（今南京），至清涼山淨成寺，伴松嚴上人助修山寺。在這裡，他結識了對中國近代刻經事業及復興近代佛學，做出巨大努力及貢獻的金陵刻經處創辦者楊仁山居士。

楊仁山（西元一八三七～一九一一年）原名文會，安徽石埭人。西元一八六六年，楊文會初至金陵時，正值清軍攻克天京（即金陵，爲太平天國首都）不久，猶遍地狼藉。戰亂中，佛寺、佛經被毀者不計其數。同時，西方宗教勢力（天主教、基督教）亦乘機到處散發洋教書刊以爭奪人心，排斥佛教。對此，楊文會及與共同主持江寧工程的廣東張浦齋居士、河北王梅叔居士，和一些江浙籍居士相與討論佛學時均有眞切的感受，並一致認爲：「末法世界，全賴流通經典，普濟眾生。」因而發起創立金陵刻經處，廣泛蒐羅與刊刻一些重要佛經，使之普及於佛教界。

自此，楊文會等「日則董理工程，夜則潛心佛學，校勘刻印而外，或誦經念佛，或靜坐作觀」。並透過日本佛教學者南條文雄，代爲在日本廣求中國失傳古本佛經，陸續蒐集到唐窺基著《因明大疏》、智儼《搜玄記》、法藏《探玄記》等唯識、華嚴著述古佚本，並立即予以輯錄刻印。

在楊文會等開創的民間刻經風氣推動下，許多寺院也恢復了刊刻佛經，許多學者以及民間書坊也自刻佛經。如釋敏曦在天台山華頂寺刻刊二十四種、一六一卷；杭州昭慶寺慧空經房也刻經數種、百餘卷；浙江錢塘許氏刻經論近十種、上百卷等等。由此成爲江浙一帶復興佛教的第一步。

虛雲久聞楊仁山之名，結識了楊仁山諸居士後，時與往來，索閱《因明大疏》等古佚經書，潛心修習，並常與參觀，學養亦日臻豐厚。在楊仁山居士及月霞、松巖、法忍、虛雲等上人的帶動下，衰落已久的法相唯識學及因明學，在蘇浙一帶首先得到復興，一時之間唯識宗風遍行南京知識界。時松巖上人甚至以唯識論評《天演論》、《民約論》，影響頗廣。

轉眼間，虛雲在南京一帶參學及助修寺廟已有兩年。雖然當時精研法相、華嚴及因明學的學者頗多，但居士習佛多偏於理論而輕修持；即有兼重修持者，亦僅念佛而已。於是，偕諸山修寺略具規模，虛雲約普照、月霞、印蓮諸師友於光緒十八年（西元一八九二年）離開南京，同上九華山結茅潛修。虛雲等在九華翠峰修茅蓬同住，結界打禪七，之後便由普照法師開講八十卷本《華嚴經》，月霞法師等繼之主講，弘揚華嚴圓融無礙「五教止觀」。

按華嚴賢首一宗，自唐釋法藏創立以來，到明末已衰。清初康乾年間因釋柏亭起而重振之，然至晚清復衰。尤其在民間，華嚴宗之影響很難與禪、淨、天台爭勝。而華嚴宗自身在修持上亦採用參禪、念佛、奉律、苦行等方式。其中參禪較為普遍，因而使華嚴自身修持法界的特色被泯滅。但華嚴宗在佛學諸宗中的理論優勢非他宗可比，這足以使它衰而不墜。

華嚴教義中特別強調的自度度人、自化化他的菩薩行精神，更為當時一批憂國憂民的愛國志士所服膺。因而原屬禪、淨、律各宗之僧人，往往透過閱藏講經，特別是《大乘起信論》、《華嚴經》，對華嚴宗教義產生共鳴，進而歸宗華嚴者甚多。故九華山開講《華嚴經》的消息一傳出，許多全國各地僧人及學者前來赴會聽講，也吸引了許多高僧大德來此同與參論，江下賢教，從斯再暢。

次年夏，天台宗名僧諦閑法師亦聞名來九華山翠峰茅蓬，與虛雲等共同參研經教。諦閑法師年輕好學，對經文理解透徹，修持上亦頗有造詣，因而曾於西元一八八六年，應上海龍華寺定融和尚請出山相助寺務，便得老和尚授記傳法，傳法譜系上爲住持天台教觀第四十三世，法派爲高明寺百松以下第十五世，靈峰蕅益以下第十二世。諦閑接法後常於江浙滬一帶講經，因其所講提綱契領，辭約義豐，答析難疑，中肯深入，在佛教界漸負盛名。諦閑在九華翠峰茅蓬與虛雲等度夏後，自往鎮江金山過冬去了。

虛雲雖是禪師，卻常習天台、淨宗、華嚴、律宗諸宗之典，於諸經中尤推崇《楞嚴經》、《法華經》等。

虛雲與諸位法師在翠峰參研經教，兼修各宗，頗有饒益。於參究之餘，時常或獨自或與諸同參在山中遊覽，欣賞風姿多端的九華景致。有時竟留連忘返至夜深方歸，但見「螢流竹罅金千樹，月洗松溪玉一灣」。有時還採摘一些「帶雪茶花供古佛，含香梅子薦新盤」；或獨上天台頂，「坐看江南疊翠欄」。倏忽之際，又是一年過去了。

※

光緒二十一年（西元一八九五年）初，揚州高旻寺住持月朗和尚來到九華山翠峰茅蓬。月朗告訴諸位法師：今年高旻寺有朱施主法事不斷，共打十二個七。如今已打四個七，尚有八個七。因此赤山法忍老人已經回高旻，月朗特來仰請諸位護持常住回山相助。不得已，眾人只好準備下山，結束茅蓬生活。

是年七月，臨行之際，眾人推虛雲先行一步返回揚州。虛雲遂由九華下山至大通荻港，沿江東行。時值汛季（注：洪水氾濫之時），長江水勢猛漲。欲搭乘小舟，遇一舟人，言明去向，不料舟人卻向虛雲索船錢。虛雲隨身不名一文，船伕見狀逕鼓棹而去。

虛雲只得沿江堤步行。天雨路滑，虛雲又十分困乏，當行至一水急堤陡處，不慎失足滑入江中。虛雲本不識水性，且水流湍急，頃刻之間便被捲入江心急流中。一晝夜之後，在馬鞍山采石磯附近江面上，一漁夫正在撒網捕魚，起網時竟發現一位身軀高大的僧人。此人不是別人，正是虛雲法師，在江水中浮沈順流至此，幸被漁人救起。

漁夫將虛雲救上船後，以手撫其口鼻，見尚有一絲微弱氣息，便急忙將虛雲送至岸邊住處搶救。

在漁人居住處不遠有一寶積寺，漁人安頓好虛雲後，見他仍昏迷不省人事，便往寺中喚來一僧辨認落水者。十分湊巧的是，該僧亦曾與虛雲在赤山同住過一段時間，見是虛雲，不覺驚道：「此德清禪師也。」遂將虛雲移至寶積寺內。

眾僧忙碌了很久，虛雲方緩緩甦醒過來。這一天是八月十八日，自虛雲落水昏迷至今已整整兩天。虛雲口中吐出許多積水後，口鼻眼耳及大小便諸孔又流血不止。在寶積寺休養數日後，身體尚未恢復，然心中惦記高旻法事，不聽眾僧勸阻，執意要行。連隨身衣物亦不帶，便離開寶積寺逕往揚州而去。

※

虛雲來到高旻寺後，先見過執事僧。執事見虛雲面色慘白，形容憔悴，疑似有病，問之，虛雲曰：「無！」亦不言在揚子江墜水一事。

隨後面謁月朗和尚。月朗法師見虛雲已至高旻，甚感欣慰。時值高旻寺全體執事辭請職期。月朗和尚久聞虛雲禪功精進，名聞遐邇，即請虛雲代領禪堂職事。然虛雲因長江墮水，身體極度虛弱，不欲在此領職，只求在禪堂中打禪七，故不允月朗和尚之請。

然而高旻寺素來家風甚嚴，享譽禪門。如遇本寺住持請職事而無故不就者，則被視爲傲慢眾，按高旻清規當重責以香板。虛雲亦不言緣由，只是順受重責不語。

一陣香板責打之下，其病情日益加劇，數日之後，虛雲之口鼻之中血流不止，且小便滴精，已是奄奄一息。趺坐於禪堂中，虛雲已不知身是何物，只是晝夜精勤，澄清一念，以死爲待。

如是經過二十餘日，奇蹟出現了；只見虛雲容光煥發，神清氣朗，全身眾病頓時痊癒。

不日，恰有采石磯寶積寺住持德岸和尚送虛雲衣物來高旻，乃問虛雲身體狀況，只見虛雲之狀與不久前判若兩人，心中覺得十分意外，亦大爲欣慰。眾問其故，德岸乃將虛雲在荻港落水，在揚子江沈浮一晝夜並昏迷二日之經過相告，眾皆欽歎不已。因此，月朗乃令虛雲可不在禪堂內輪職，以便利其坐禪修行。

自此，虛雲萬緣放下，一念不生，工夫「落堂」（定境現前，妄念頓息），晝夜如一，行動快捷如飛。一日夜，坐養放香之時，開目一看，忽見眼前大放光明，如同白晝，禪堂內外洞澈了然。隔著牆垣，虛雲看見堂外香燈師在小解，又見西單師在廁所內。乃至遠及寺外河中行船，兩岸樹木及種種色色，盡悉了見。是時寺中鐘板剛剛鳴敲三下。

翌日，虛雲向香燈師及西單詢問昨夜事，果如其然，乃知昨夜見境之真切，遂不以爲異；知是參禪工夫純熟之境界。

至十二月十六日，八七即最後一個禪七的第三日晚六枝香開靜時，護七禪師入堂沖開水，不慎將開水濺在虛雲手上，茶杯墜地，「啪」的一聲破碎，虛雲忽覺疑根頓斷，如從夢醒。

當年五台朝拜，在黃河邊破草棚中被文吉一問，竟不知「水」是什麼，如果當時踏翻鍋灶，濺水於雪地。看文吉有何言語？此次若非落水大病一場，若不遇如許順攝逆攝及知識教化，幾乎錯過一生，哪有今朝悟透禪關，慶快平生？因述二偈以記悟境：

杯子撲落地，響聲明瀝瀝；
虛空粉碎也，狂心當下息。

又偈：

燙著手，打碎杯；家破人亡語難開，
春到花香處處秀，山河大地是如來。

這一年，虛雲法師五十六歲。

此前一年，震驚中外的甲午中日戰爭爆發。清朝北洋海軍與日本艦隊激戰，清軍損失慘重。接著戰火又燃及遼東及山東半島，並最終以清軍的失敗而告結束。次年四月中日《馬關條約》簽訂，清政府除向日本賠償軍費，開放內地諸口岸以外，還割讓遼東半島、台灣及澎湖列島給日本。甲午戰爭的失敗，給中國人民以極大的刺激，中國以一個泱泱大國，竟敗在一個數百年以來、一直尊中華文化爲師的「東夷」之手，不能不說是中國人的奇恥大辱，從而成爲中國近代史上又一轉折點：它直接促使了三年以後的戊戌維新變法運動和義和團事變。

而面對民族危機的進一步加深和社會矛盾的激化，中國近代佛教的復興也走到了一個關鍵時期。

是年，虛雲法師在高旻證道，亦成爲其一生輝煌德業的一個轉折點。在五十六歲以前，虛雲大事未明，親恩未報，一瓶一缽，煙水百城，磨鍊性情，以究明己躬大事爲期。至五十六歲在高旻禪堂頓斷疑根，參透禪關，從此以後，虛雲出世弘法，將自己的生命與佛法的興衰緊緊聯繫在一起，百年如一日，直至生命的最後一刻，始終沒有停止過爲佛法奔勞奉獻。正如他自己所言，「挑雪填井無休歇，龜毛作柱興叢林」！

燃指報恩

虛雲

光緒二十二年（西元一八九六年）夏，虛雲聞鎮江金山寺傳戒，便離開了揚州高旻寺往金山度戒期，並再次參拜金山寺名宿大定老和尙。大定老和尙早年苦參修行，中年時行腳四方，其苦修之名便已遍傳東南。五十一歲時不得已應請出任金山寺方丈，兩年後即行退席。老和尙雖居尊位，然縫洗等一切細小仍舊自理，偶爾言行失控，即跪在佛前痛自懺悔，虛雲亦深爲其自律精神感動。

大定見虛雲來參，十分高興，於戒期後遂挽留虛雲在金山禪坐過冬。在金山寺習禪期間，虛雲還初識了亦來此親近大定和尙的江蘇籍居士高鶴年。高居士自幼業儒，自發心向佛後便別離家庭、遍參知識，曾禮天台敏曦、鏡融二師，並從金山寺大霖法師學戒法及從楊文會居士習經。虛雲自結識高鶴年居士後，此後數十年之內，相與爲道友，常相警策，受益良多。

次年，虛雲離開金山，至南通狼山往禮拜大勢至菩薩；應揚州重寧寺道明和尙請重回揚州，助其理重寧寺務。五月分，有通智法師在焦山定慧寺開講《楞嚴經》，因聞虛雲於《楞嚴》參研頗深，乃請虛雲助其講學，爲偏座。時聽眾達千餘人，是爲虛雲首次登壇爲眾講經。雖然所講不多，但其辭意達旨，深入淺出之答疑析難，深受好評。

虛雲在定慧寺講經畢，辭別眾人，在下山途中，望著焦山的蒼松翠竹，又觸動虛雲思親之念。雖然五台大願已了，但慈母的眞儀卻不時會在腦中浮現，每每思之輒覺錐心般痛楚。昔日（光緒十年，即西元一八七六年）在阿育王寺，虛雲普寄火食，拜舍利，夙願燃指供佛以超度慈親，今此念又起，遂轉道往寧波阿育王寺而去。

寧波歷來爲佛教文化較爲發達之地，其中尤以天童寺和阿育王寺爲最。南宋以來曾有不少日本僧人到此求法，歸國後創立了日本佛教曹洞宗，故天童寺亦被日本曹洞宗徒尊爲本宗祖庭。清末太平天國起事時，二寺寺毀僧散，損失慘重，至今仍在修復之中。

時天童寺由幻人法師護持，著名詩僧八指頭陀（寄禪法師）此時亦由湘雲遊至此，助幻人法師護山；阿育王寺則由海岸和尚主持重建，海岸和尚還擬重修山志。虛雲法師來阿育王寺掛單後，海岸和尚即欲留其助修山志；天童寺幻人、寄禪亦來相邀往助之。然虛雲因乘願而來，夙願未了，故婉言謝絕諸方之請。

阿育王寺位於寧波鄞縣南四十里而外的鄮山（今江蘇鄞縣東寶幢鎮）。相傳昔日佛滅度百年後，中天竺（孔雀王朝）阿育王以佛法治國，將佛舍利八萬四千粒藏之寶塔，分送印度諸國及世界各地。其中東震旦國（即中國）計有十九處，其中一處即在阿育王寺。晉武帝太康三年（西元二八二年）在此處得一舍利塔，遂在此建一石塔供奉舍利。南宋後始建寺，曾改名廣利祥寺、育王禪寺等。

佛舍利塔僅有一尺四寸高，周圍亦僅尺餘。塔之中級內空，中懸一實心鐘，鐘內有一針，舍利即附於針之尖端。有欲觀舍利者，須先於寺內大殿中禮佛，然後依次跪殿外階沿，由塔主請塔出。

觀者大小、多少、動定不一。常有一粒或三至四粒者，色青黃赤白各異；如有見蓮花及佛像大小者爲勝緣也。因此爲佛之眞身舍利，令中外佛教徒十分敬信，慕名前來禮拜者不斷，亦常有苦行僧人於此燃指供佛。

虛雲至阿育王寺後，每日從三板起即拜舍利，至晚間開大靜時止，日定三千拜，除在殿堂以外不用蒲團，展大具。

一日夜拜舍利畢回到禪堂趺坐，似夢非夢之際，忽見空中有一條金龍，飛落至舍利殿前的天池中。金龍長有數丈，金光耀眼。虛雲騎上龍脊後，金龍忽然騰空飛起，不知飛了多久，來到一處山水秀麗、花木清幽，樓閣宮殿莊嚴奇妙的所在。只見母親在樓閣中向外瞻眺。虛雲一見母親之容，欣喜過望，大呼：「母親，請騎上龍來到西方去吧！」金龍隨即降落在母親身邊。

此時夢已然醒來。這是虛雲平生之中，唯獨的一次夢見母親，只覺得身心清爽，而夢境仍了然於心。

自此，每當有人睹舍利，虛雲亦隨眾前去，眾人亦說法不一。虛雲觀舍利多次，第一次見之大小如綠豆般，紫黑色。至十一月九日兩藏拜完，再看大小仍如從前，僅色已變爲赤珠有光。虛雲急於求驗，禮拜不已，直至遍身瘦痛，看舍利大小如黃豆，顏色黃白各半。至此，虛雲乃確信佛舍利之因拜者根境不同而異示現也。乃繼續增加禮拜，至十一月底終因病發而倒下，身體沈重，全身乏力，連坐起亦十分艱難，更不用說禮拜了。

眾僧見狀，遂將虛雲送入如意寮診治。首座顯親、監院宗亮及全寺上下多方施救，甚至連來阿育王寺拜舍利的盧姑娘等香客，亦施財出力相助，然終不見效。眾人以爲虛雲世緣將盡。虛雲自己卻不以爲然，聽之任之，只恐燃指不成，心生焦慮。

十二月九日，有八位來阿育王寺燃指者入如意寮探視虛雲。八人亦久聞虛雲禪師之名，原以為虛雲病勢不重，故特來求為伴燃指。至此，虛雲方知次日（十日）即為燃指期，便堅決要求參加。顯親法師及眾僧皆以虛雲病情沈重，連動彈亦不能，此舉實在危險，均不贊許。

虛雲聞之淚如泉湧，對眾法師說道：「生死誰能免之？我欲報母恩，早已發願燃指，倘因病中止，生亦何益？願以死為休矣！」在場眾僧無不為虛雲之誠願所感動。時有監院宗亮法師，年僅二十一歲，亦忍不住淚下，對虛雲說；「德清師不要煩惱，我一定助你完成。明日齋歸我請，我先為你布置。」虛雲始覺心中稍寬，乃合掌稱謝。

次日早晨，宗亮監院還請師弟宗信等數人，一併相助虛雲。大家輪流扶虛雲上大殿禮佛，經過種種儀節禮誦，在大眾念《懺悔文》聲中開始燃指。虛雲初始尚覺全身痛苦難忍，但他一心念佛超度慈母，心神漸漸清定，終而智覺明朗，漸漸已不覺得病苦。當念至「法界藏身阿彌陀佛」，忽然覺得全身毛孔一起豎起，而指已燃畢。

虛雲竟不用人扶持，自己站立起來禮佛，全然忘記自己是以病篤之軀被人扶持入殿的。接著步行謝過眾人，自行回到如意寮。眾人見狀，無不驚歎稀有！

次日，虛雲將所燃手指在鹽水中浸泡了一天，亦未流血，不數日，膚肉就已完全恢復，便逐漸恢復了日常的禮拜活動。

虛雲以重病之身燃一指而病體頓復，這一消息很快傳開，全寺上下及寧波四眾無不爲之歡歎：「若非得道高人，何以能臻於此般境界，現此奇蹟也。」應阿育王寺眾挽留，虛雲留在寺中度過新年。

次年（西元一八九八年）春，寧波七塔寺大鐘鑄成，本來和尚擬在此開戒期傳戒講經。因皈依者甚眾，遂請天台宗名宿默庵老法師開講《法華經》。老和尚還親至阿育王寺請虛雲法師爲附講。虛雲遂離開阿育王寺往七塔寺講經。講經畢，逕往宜興銅棺山結茅蓬過冬。

是年六月十一日，清光緒帝頒布「明定國是」詔諭，開始了著名的「百日維新」運動。光緒帝在康有爲、梁啓超等爲首的維新派的支持下，推行了一系列改革舊制的政策措施：改革舊機構，裁撤有關閒散衙門，允許官民上書；廢除八股制，改試策論；除消書院，改設新式學校；倡辦實業，組織商會等等。但因不久慈禧太后「訓政」，變法僅維持百日即告被廢。不過，維新變法雖然失敗。但這一事件卻直接促使了不久以後清政府實行的「新政」，從而也誘發了近代佛教史上著名的「廟產興學」運動。

第四章　潛修講學・入定半月徽寸高

須知禪宗一法，原不以定為究竟，只求明悟心地。若是真疑現前，其心自靜。以疑情不斷故，不是無知，以無妄想故，不是有知。又雖無妄想之知，乃至針杪墮地皆知之，但以疑情力故，不起分別；雖不分別，以有疑情不斷故，不是枯定，雖不是枯定，乃是功用路途中事，非為究竟。

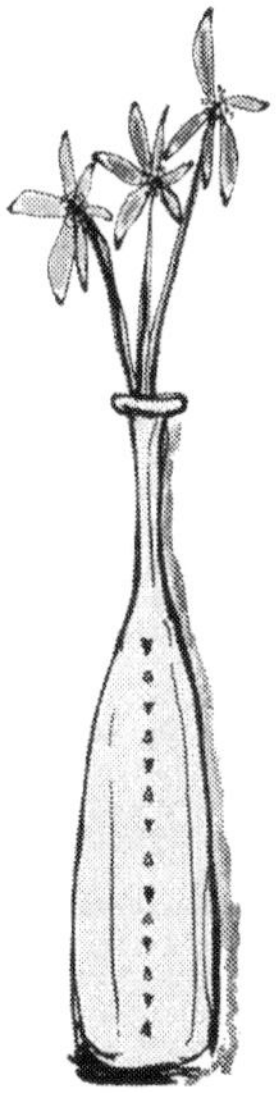

終南入定

光緒二十五年（西元一八九九年）春，虛雲離開宜興銅棺山茅蓬下山，應丹陽結森法師、寶林法師之邀，赴丹陽助二上人重修仙台觀。在此過夏之後，八月分再次來到句容赤山禮法忍和尚。時赤山般若寺修葺一新，每日來朝山香客甚眾，法忍老和尚知虛雲素喜清靜潛修，乃以一茅蓬付之獨修。虛雲稱謝受之，於是日夜勤修。

自光緒十六年（西元一八九〇年）虛雲離開終南山，往西南及南亞遊歷朝聖歸來至今，不知不覺在江浙已住十年。一日，虛雲參禮法忍和尚，二人又回憶及昔日在終南山五台與治開等結茅隱修的清靜歲月。

十年間，虛雲在江浙與諸上人參學講論，重修山剎，特別是經高旻禪堂證道及阿育王寺燃指，道業日隆，遠非昔日可比。但虛雲是個頭陀，行腳參方慣了，在江浙久住，不覺又思遠遊。回到小茅蓬後，虛雲便籌畫再度遊方：擬先訪東海嶗（牢）山海印寺——虛雲平生最敬重與自己有同名之緣的、明末四大高僧之一的憨山德清老人結茅隱修處，再朝五台山，然後入終南山修行隱居。

光緒二十六年（西元一九〇〇年）初，虛雲在赤山過冬後，即辭別法忍和尚下山，離開句容北行。經鎮江、揚州，朝雲台山，繼續北行入山東境內，朝禮了東嶽泰山後再折向東直趨嶗山。嶗山古稱勞山、牢山，自古就有「神仙之宅，靈異之府」之稱，號稱有九宮七觀七十二庵，歷來爲道教名勝。不過虛雲來此並非爲尋仙問道，因爲此處爲憨山德清大師曾隱居結廬處。憨山德清雖爲禪僧，然其不拘守一宗一派，博通內外之學，調和儒釋道，極倡禪淨雙修，其禪學思想對清末以來禪淨合流思潮有很大的影響。

明萬曆十一年（西元一五八三年），德清赴嶗山那羅延窟結廬，始用憨山的名號。

後，明神宗印《大藏經》十五部分送全國名山，慈聖太后特送一部與東海嶗山，並在此施資修寺，即海印寺。不過德清大師亦因此事被遷罪充軍廣東雷州，直至萬曆三十四年（西元一六〇六年）逢大赦方得以復僧服。德清大師一生經歷坎坷，然仍弘法不輟，即使在充軍期間，嘗以囚服登座爲眾說法，創嶺南佛教風氣，其事蹟一直爲虛雲所景仰，而大師的禪學思想亦對虛雲禪師影響至深。虛雲尋至嶗山那羅延山麓（華嚴山），見海印寺早已毀圮，唯餘那羅延窟。石窟旁有清初人捐建的華嚴禪院，爲整個嶗山唯一一處佛教遺蹟。在那羅延窟前，虛雲爲德清大師默默祈禱祝願。

由那羅延山下山後，虛雲即回轉西行。經曲阜，順朝孔廟、孔陵。此時正值義和團運動在山東一帶初起。多事之秋，身不由己，行腳遊方的虛雲法師亦不時被捲入其中。原來，自甲午中日戰爭以後，帝國主義以「門戶開放」爲理由，將勢力範圍逐漸滲透至中國社會最基層，以建鐵路、建洋教堂爲標誌，華北的農村受到嚴重的破壞。同時，中國的農民也開始了最初以「拆鐵路，打教堂」爲口號的反常愛國運動。

義和團原稱義和拳，與白蓮教有淵源關係，已有一百多年歷史。它以設場練拳爲組織群眾的辦法，同時宣揚持符念咒可以「降神附體，刀槍不入」，於西元一八九八年夏開始組織武裝攻打教堂。西元一八九九年，德帝國主義藉口「沂州教案」，派兵侵入沂州（今臨沂），占領日照縣城，義和團民與洋人之間衝突日漸加劇。清廷中以西太后爲代表，提倡保甲團練，藉團練名義壓制外國勢力，於是義和團中開始出現「扶清滅洋」的口號。義和團運動有力的打擊了帝國主義勢力，西方列強各國亦準備聯合武裝干涉。

虛雲離開曲阜後繼續西行。一日在途中忽遇一群洋兵，以槍逼住虛雲，有翻譯代問道：「怕死也不？」

虛雲平靜的回答：「倘該死於汝手，任請自便。」

洋兵見虛雲神色不動，毫無懼怕之意，亦不由得心生敬意，便說：「你去吧！」將虛雲放行。

虛雲一路風塵僕僕，日夜兼程，不久趕赴五台山。在顯通寺行香朝禮已畢，原擬再赴終南山，奈何此時兵荒馬亂，日甚一日。

由於義和團在北京、天津一帶的活動得到清廷默許，逐漸控制了京津一帶的社會局勢，直接嚴重威脅到帝國主義在華的利益，從而引起各國列強的恐慌。光緒二十六年（西元一九〇〇年）五、六月間，由英、法、美、義、日、俄、德、奧聯合組建八國聯軍，以保護使館為名強進北京，使京津一帶形勢日益惡化，大批北方難民為避戰亂西行逃難，山西及關中一帶亦不得寧靜。虛雲不得已仍由原路東返，並輾轉來到北京。

此時的北京城內局勢，由於部分清軍及宮廷內部官員配合下，實際由義和團所控制，洋人的勢力被暫時趕出北京。虛雲亦得以乘機遊覽北京的佛教名勝。遊過西域寺後，至房山石經山，參觀了藏於雷音洞等石洞中、中國現存規模最大的石刻佛教經藏。《房山石經》刻自隋唐至明清，延續千餘年，計有千餘種。望著這一佛門奇觀，虛雲亦不由得歎為稀有！

由房山向北，虛雲來到潭柘山潭柘寺。聞說寺中有異行僧在此潛修，特往參訪。之後復行至馬鞍山麓的戒台寺，朝禮了飛鉢禪師塔。時紅螺山舉行法會，於是往彼參加念佛道場，然後遊歷了大鐘寺，觀禮姚廣孝所鑄重達八萬七千觔銅鐘。此鐘高一丈五尺，紐高七尺，徑一丈四尺，外鑄《華嚴經》一部，內鑄《法華經》一部，以《金剛經》鎖邊，其紐鑄〈楞嚴咒〉。該鐘係明永樂帝為追薦聖母皇后而鑄造。巡禮畢，虛雲回到城南龍泉寺住下。

※

六月中旬，由英國海軍將官西摩（Edward Seymour）率領八國聯軍攻占天津大沽砲台。消息傳來，激起北京義和團民及部分清軍士兵的強烈憤怒，結果發生了日本駐華使館秘書生杉山彬和德國駐華使館公使克德林（C. F. V. Kettler）先後被殺一事。義和團眾及董福祥部的清軍，還猛烈圍攻各國使館所在地的東江米巷（後改為東交民巷），天津等地的義和團眾也開始向租界發起進攻。

同時八國聯軍也日益向中國增兵，至八月分已增至四萬人。清政府在局面失控的情況下，於六月二十一日下詔與各國宣戰。但由於清政府的態度曖昧，一方面想利用義和團抑制列強勢力，另方面又恐義和團民行動越軌，使局面難以收拾，因而暗中執行妥協政策，加上朝廷內部意見不一，使得戰場形勢很快失利。七月十四日天津失守，緊接著八國聯軍又向北京發起進攻，致使北京城內一片恐慌。

在虛雲掛單的北京城南龍泉寺，亦有不少朝中王公大臣在此避亂。其中多人亦與慈禧太后（嘗自號「老佛爺」）一樣素好佛法，因而多與虛雲相識，並且十分敬重虛雲禪師之德名。慈禧太后見北京不保，便準備攜帝后及諸王公大臣出逃，肅親王善耆等亦勸虛雲與諸王公一同隨行。虛雲見時局亂至如此，只得同意。八月十四日，八國聯軍攻陷北京城。十五日晨，西太后攜光緒帝、皇后、大阿哥溥雋（即端王載漪之子，嘉慶帝曾孫），及少數親信大臣和隨行人員等微服出逃，西奔而去。

在普通中國人心目中，隨鑾駕同行是一件極光榮之事，坐在高頭大馬上，趾高氣揚，威風八面，正所謂「馬隨春仗識天驕」。但此時此刻卻不然，光緒帝、太后及眾王公大臣等，皆脫下龍袍官服，換上破舊的平民裝束，眾人於倉皇之際逃離都城、日夜兼程，辛苦萬狀，前程未卜，後有追兵，只有少數宮廷侍衛保駕，因無勤王之兵，危險隨時可能出現。當一行人員匆匆忙忙奔至北京阜平縣，正遇上甘肅巡撫岑春煊率勤王兵至。帝后大喜，始得寬心，於是由岑率兵護駕出長城。八月二十四日，太后電令奕劻、李鴻章為全權代表與八國聯軍議和。

虛雲隨著大隊人馬，浩浩蕩蕩進入山西雁門關。在雁門關，路過一寺叫雲門寺，內有一老僧年已一百二十四歲，其德行遠近聞名，西太后便命賜其黃綾，並在此敕建功德坊。帝后西行途中，正值晉陝一帶旱災嚴重，又逢戰亂，遍地饑荒，民不聊生。至山西平陽縣，遇有百姓阻駕。問其原因，原來是當地災民以芋葉、薯葉向帝王獻食，令知當地百姓生計之多艱。西太后及光緒帝受而食之，並令隨行諸員人皆嚐之，以不忘百姓之疾苦。

十月二十六日，大隊人馬到達西安城。帝后等在撫院住下，虛雲則被請住在城內柏樹林街臥龍寺。時陝西已是饑民遍地，老百姓中甚至有食死屍者。為安撫人心，光緒帝及西太后決定在西安四城門設立施飯處，各地大小村鎮亦設立施粥處以救度災民。為求雨息災，巡撫岑春煊乃令在臥龍寺祈雨，請虛雲法師主持法會。

數月以來，虛雲隨駕西行，又以駕駐長安，每日與王公大臣在一起，或論佛法，或談禪旨。經歷此次逃難，連西太后也愈感生死無常，在西行途中時常向虛雲法師詔問佛法要義，及禪、淨諸家修習法門。虛雲本為禪師，喜清靜，不願住城市，更煩應酬。見戰事稍息，局勢稍稍安定，便欲離開城市往終南山潛修。在臥龍寺主持佛事已畢，一日夜，乘人不備，不告而辭，獨自一人悄悄離開西安城。

十一月二十二日，虛雲法師第二次登上終南山。此時，山中仍有諸上人結茅潛修。妙圓法師住南五台老茅蓬；本昌法師住破石山，妙蓮法師住關帝廟；道明法師在五華洞居住；修圓法師及青山法師住後山嘉五台。虛雲尋至嘉五台後一獅子巖，見此處十分幽靜偏僻，正合其意，便在此結茅為蓬，架松為座，聚草為褥，並在茅蓬附近墾荒種薯為食。山中缺水，則取積雪溶水飲之。

為杜絕外擾計，自此正式改號「虛雲」，別號「幻遊」。自此，虛雲每天日則研究《楞嚴》、《法華》、《圓覺》等經，夜則習禪念佛。研習每有所得輒以筆記之。為時既久，已積下注稿多冊。諸上人中，因與住後山的青山法師較近，故有此往來。青山老法師亦湘人也，見地高超，洞澈心源，山眾多尊之，亦與虛雲相交甚契。

※

俗語云：「山中無甲子，寒盡不知年。」不知不覺，虛雲在終南已潛修一年。次年秋，忽有月霞法師偕復成、戒塵法師等尋訪至終南山嘉五台獅子巖，一見虛雲臥於庵中，十分驚詫道：「幾年不知你消息，誰知你睡在這裡。」

虛雲笑道：「這裡且置，如何是那裡？」引眾入內，一一行禮，便以剛剛煮熟的薯芋招待眾人。

原來，南京赤山法忍老人久住南地，已覺厭煩，現在武漢歸元寺講《法華經》，欲來終南潛修，特囑咐月霞法師等先來尋地。月霞見了昔日同參，便約虛雲同行隨侍法老和尚，然虛雲以久住鬧市，今方習靜，卻之。

食畢，虛雲便送眾師友至破石山本昌法師之大庵內歇宿。數日後，月霞法師等相地歸來，對翠微山十分滿意，遂被彼修大茅蓬。不久，法忍老人率眾抵陜，一行六十餘人，半住翠微山皇裕寺，半住新茅廣及興善寺，接著，又有江蘇高鶴年居士亦如約訪山，見過虛雲法師相與談禪，然後即向翠微茅蓬親近法忍和尙。

在法忍和尙所住翠微山下有駐軍開墾水田。駐軍首領姓蘇，亦頗敬信佛法，見法忍老人率眾前來，即欲將山下鴨伯灘水田地百頃贈與法老作僧糧。然而世居此地之土人提出要用山地同數交換水田，眾僧自然不肯，於是興訟於當地府衙。結果眾僧因虧於理而敗訟，法忍老人爲此大受怨氣，覺得此處非久留之地。

第二年初（西元一九〇二年）老人盡將器物歸之體安、月霞等師，棄山南返，餘眾四散。而老人的弟子中，月霞、戒塵、復成等依然留在終南山。期間，虛雲與戒塵法師常相往來，談禪析理，結爲禪友，對虛雲此後的弘法生涯以及戒塵此後的佛學思想的轉變，產生過重大影響。

戒塵法師字滌吾，俗姓邱，漢川人。十九歲就出家。虛雲初識戒塵於西元一九〇一年秋。當時戒塵自恃親近過法忍等大德，研習禪門公案有年，因之與虛雲相談禪理，口若懸河，機語不讓。

虛雲見其如此強辯，不問工夫，知為今日習禪者之通病，乃欲引導其重修證，對曰：「須知古時人障輕，可重見處，不問工夫。今之人習染深厚，知見多端，縱有一知半解，皆識心邊事。須從眞實工夫樸實用去，一旦徹底掀翻，從死中得活，方為眞實受用。」

戒塵仍辯道：「我亦親近德公、修公、大老、赤山來，自謂道契無生，更有誰耶？」

虛雲便問：「汝所謂『道契無生』，作麼生契耶？」

戒塵回答：「若人識得心原無念，則知生自妄生，滅自妄滅，生滅滅盡處，自契無生。」

虛雲則道：「此是古人的，如何是你的無生？」

一句話，問得戒塵啞口無言。虛雲便無一步以語激之，「汝乃學語之流，口頭禪而已，只騙瞎眼漢。不信你我同坐一時，始見其實工夫。」

戒塵心中仍有不服，二人便於庵堂中比試坐禪工夫。戒塵因平日重見輕坐，趺坐不到一個時辰，便妄念翻騰不息，不到半日便支持不下去，只得起坐。

待看虛雲法師，端坐於蒲團之上，雙目微閉，面容安詳，已然入靜，而且一坐就是七日！不由得令戒塵慚愧不已，慨歎向來所學之禪無濟於事。

待虛雲起定後，戒塵即問曰：「汝在定中，爲有知耶？爲無知耶？若有知者，不名爲定；若言無知，自是枯定，所謂『死水不藏龍』也。望明示。」

虛雲道：「須知禪宗一法，原不以定爲究竟，只求明悟心地。若是眞疑現前，其心自靜。以疑情不斷故，不是無知，以無妄想故，不是有知。又雖無妄想之知，乃至針杪墮地皆知之，但以疑情力故，不起分別；雖不分別，以有疑情不斷故，不是枯定，雖不是枯定，乃是功用路途中事，非爲究竟。又此七日，只是覺得一彈指頃，一落分別，便起定也。須以此疑情，疑至極處，一日因緣時至，打破疑團，摩著自家鼻孔，方爲道契無生。」

一番弘論，至精至微，令戒塵心悅誠服，欽仰之至。二人因相與結爲禪友，同作聯袂一首。

虛雲言：「孤身遊世兄弟無，暗悲獨自向外馳。」

戒塵曰：「禪兄若欲有此念，相結蓮友睹吾師。」

自此，戒塵時來獅子巖茅庵隨虛雲修禪。不過，對於虛雲法師以禪入而兼修其餘諸宗，尤其是倡導念佛法門仍不以爲然。但戒塵法師又自念根鈍，如專修禪門，恐不能發明心地，況諸佛法門無量，不知自己與何法特有因緣？於是嚴淨佛堂，懺悔三日之後，用紙條寫了禪、教、律、淨、密五鬮，請來虛雲兄爲證盟，跪在佛前三拈。結果，皆得淨圞。

虛雲便說：「汝與淨宗有緣。」戒塵仍不以爲然。

這年山中諸上人普請月霞法師及虛雲法師講《楞嚴經》。當虛雲講至〈大勢至菩薩圓通章〉時，力贊念佛宗旨。

戒塵即起與之辯駁曰：「《楞嚴》宗旨，文殊只選觀音耳根圓通，如何偏贊念佛，豈不違背經義乎？」彼此相辯達數日。後月霞法師聞之，制止戒塵所辯。

戒塵聽經畢，回茅蓬後，因受風寒，晝臥床中。忽夢一同道者西歸，爲之念佛，繼念〈往生咒〉數百遍，及至念醒，猶念不歇，見茅蓬忽然漸大至十餘丈，房中物件亦隨之變大，金光奪目。戒塵當日只有念咒之心，未起分別，因念久疲極，動念翻身，則金光不現，茅蓬亦自復原，即起身坐念數百遍，而金光亦不復現，惟病魔從此頓癒。

即以此事告訴虛雲，虛雲復道：「汝固與淨宗有緣。」戒塵法師自此時始深信淨土宗不疑。

臨近歲末時，終南山連日雪花飄颺。虛雲法師獨處獅子巖茅蓬，望著庵外一片銀裝素裹，感覺身心清靜，一切放下。臘月廿七日（即西元一九〇二年二月五日）這天，萬山積雪，嚴寒徹骨。虛雲在自耕的薯地裡挖了一些山薯回來，用雪水洗淨後放入釜中烹煮，以備過年食用。生起炭火後，便在釜邊趺坐待熟。不覺漸漸入定。這一定去，忘了時日。

轉眼，春節已過，到了正月十五日，與獅子巖茅蓬稍近些的青山、復成、戒塵等見虛雲久不走動，均感到十分奇怪，眾推復成法師往視之賀年。當復成來到獅子巖茅蓬外，但見雪地中遍是虎跡，無人足跡。復成恐虛雲發生意外，心中驚慌，急忙進入蓬內，卻見虛雲安然坐在釜前，作入定狀，心中方安。

復成法師便擊磬聲開靜，問道：「食否？」

虛雲見是復成，答曰：「未曾，芋尚在釜中，估計已然煮熟了。」說罷，順手揭開鍋蓋，只見釜中熟芋已然長黴，且黴高竟有一寸餘！

復成不由得驚訝萬分，問何時所煮，虛雲說是在去年末。此一定去，已過了半月之久！虛雲這才起身，重新烹雪煮芋，與復成師飽餐一頓，復成方大笑而去！

虛雲一定半月的消息不脛而走，很快傳遍了遠近僧侶。先是本山青山、戒塵諸師友陸續來探視，後來連遠在百里之外的一些好道僧俗亦慕名前來訪候，令虛雲法師應接不暇，不勝其煩。

虛雲二上終南，更名隱跡，把茅蓬弄好，本以爲可以隱居清靜一段時間。不料如今「虛雲」之名復傳遍關中，隱居清靜的生活很快被打斷。

虛雲不禁慨歎：「因果不昧，由不得你！」於是心中又生去意。

一日戒塵來訪，亦有同感：終南已不復有昔日的清靜，於修持不利。二人乃相約離開終南山。由虛雲先悄悄地下山，至太白山（即始南山）候戒塵法師，再擬遠遊，去追尋那萬里無雲的境界。

在一個月明星稀的晴朗夜晚，虛雲一肩行李，悄悄離開嘉五台獅子巖，北行下山。先到太白山，尋一巖洞住下。不數日，釋戒塵亦離開終南山，循跡尋至太白山巖洞，找到了虛雲。二人相約先禮峨眉，再遠遊雲南，朝禮雞足山迦葉道場。從此，虛雲禪師的雲水生涯又開始了一個新的轉折。

是年一月，《辛丑條約》簽訂，八國聯軍退出北京後，慈禧太后、光緒皇帝及諸王公大臣離開西安，回鑾北京。

第五章　西南弘化・持咒移石下南洋

對於晚清佛門之衰敗，虛雲早有深刻的體會。他後來多次說到：「佛法之敗，敗於傳戒不如法。」規矩失傳，則真理埋沒。若傳戒如法，僧尼又能嚴守戒律，則佛教不致有今日之衰敗。他後來還曾對弟子們說到，「我自慚愧，初出家時不知什麼是戒，只知苦行，以為吃草不吃飯就是修行，什麼大乘、小乘、三藏十二部全不知道。」

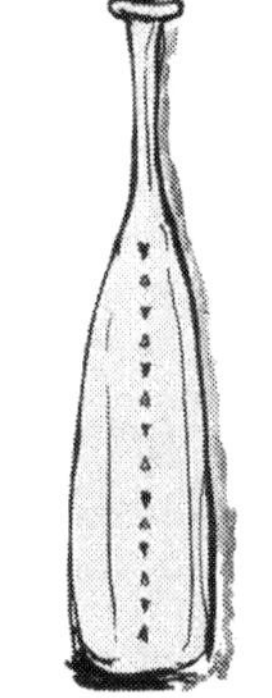

虛雲

重興雞足

光緒二十八年（西元一九〇二年）春，虛雲法師與戒塵法師自寶鴨口出太白山（始南山）後，一路迤邐南行，經成都略作小憩後，是夏由嘉定抵達峨眉山。二人登上峨眉金頂觀佛光，入夜在金頂看萬盞明燈。次日，虛雲偕戒塵至金頂錫瓦殿禮眞應老和尚。

十五年前，虛雲朝峨眉山時曾來參之。如今老人已七十多歲，道行日臻圓滿，爲峨眉全山領袖、宗門大德。見故友前來，眞應老人盛情邀虛雲二人在金頂住下，相與談禪數日。虛雲深爲老人之禪定工夫所歎服，臨別時賦詩一首，贈眞應老人，表達了自己的敬意：

悠哉賢故友，抱道樂林泉。
坐到無疑地，窮參有象天。
胸中消塊壘，筆底走雲煙。

更笑忘機鳥，常窺定後禪。

虛雲與戒塵辭別眞應老人後下山，經峨眉縣至峽江縣，抵銀村流沙河邊。時值汛季，河水暴漲，虛雲在渡河時險些遇到不測。事情的經過是這樣的；這一天，由於渡船行的慢，虛雲與戒塵從早上一直等到午後才候得船到。

眾人皆搶先登船，虛雲讓戒塵先登船後，將行李遞上，最後一個正要跨上船隻。忽然，固定船隻的繩索突然磨損斷了，虛雲不愼落水，急忙以右手緊緊抓住船舷，方不致被急流捲走。

船隻遂順流而下。因船小人多，水流又急，船上人們稍有不愼，就可能導致船體傾覆，不得已，虛雲只好雙手緊握船舷，任由身體浸泡在水中。戒塵以及船上眾人無可奈何，只有乾著急的份。

至日暮時分，船隻方漸泊至對岸。眾人急忙將虛雲拉上岸，見虛雲的衣褲及兩足均被河中小石子割破，血流不止。

虛雲忍著周身痛楚，與戒塵頂風冒雨踽踽而行，到了曬經關後，偏偏此處旅店不接待僧人。

到街外唯一的小廟，只有一僧在其中住持。戒塵法師求宿再三，亦不許，令宿門外一戲台底。夜黑天冷，地潮衣濕，饑腸轆轆。虛雲二人拿錢向廟僧買來兩把濕禾桿，亦燒不著，只得忍耐著坐至天明，買得幾塊苦蕎粑吃過後，忍著痛繼續行進。

行途之艱難，一言難盡。經會理州，入雲南省境，渡過金沙江後，虛雲等終於抵達賓川縣雞足山腳下。時在深秋，但滇省氣候仍很溫暖。為免旅店求宿之難，是夜，二人乃宿於雞足山腳下的一株大樹下。

半夜裡，虛雲被遠處傳來的一陣陣響聲驚醒，仔細傾聽，乃魚磬聲，傳自山中石門。此時虛雲記起十數年前至雞足山時大鐘聲響起的情景，「莫非此行果與雞足有緣？」

翌日，虛雲、戒塵二人登上雞足山，至金頂及各處進香。目睹迦葉祖道場衰敗至此，作為滇省佛法之象徵的雞足僧規亦如此墮落，不由又復起舊念；發願在山中結一庵，以接待朝山四眾。但虛雲又知道：此舉定為山中子孫寺廟所不容，念至此，虛雲禁不住涕如雨下。戒塵知虛雲之願，然一時又無以相助，只得勸虛雲暫且下山，再作計議。

虛雲、戒塵從雞足下山後，來到雲南省會昆明，在福興寺住下。時有護法居士岑寬慈，久慕德清禪師道行及德名，在此殷勤接待。又有昆明江南會館住持法悟法師，亦知虛雲之願，爲之所感，堅留虛雲在此長住。

虛雲因一者夙願未了，心中憂鬱；二者昆明離雞足不遠，不如在此長住，以待機緣，於是決定在福興寺閉關三年，並請戒塵法師爲護關。

虛雲在掩關期間，繼續潛心研究《楞嚴經》、《圓覺經》、《四十二章經》等大乘經典，並將研究心得以蠅頭小楷工整的書寫在薄白的棉紙上。這些研究爲虛雲後來的講經開示、攝化有緣，打下了堅實的理論基礎。而虛雲法師閉關修行數年這一舉動，亦贏得昆明大眾對他的敬佩。

虛雲在昆明福興寺閉關的第三年（西元一九〇四年）春，應寬慈、法悟諸護法以及歸化寺方丈契敏和尚等再三懇求出關，至歸化寺開講《圓覺經》、《四十二章經》。

按滇越一帶久被佛法，自唐迄明慧燈相續。但自清代以來，逐漸衰敗，祖庭荒蔽，僧規不整，法席久疏。因而此次虛雲開壇說法的消息一經傳出便不脛而走，恰如久旱逢甘露，昆明及滇省遠近前來聞法求戒者絡繹不絕。講經期間，皈依者達三千餘人。此次昆明講經，法事之盛，爲滇省近代以來所罕見。

是年秋，又應昆明筇竹寺夢佛老和尚之邀，至彼開講《楞嚴經》，並助其辦戒期。筇竹寺位於昆明西北郊玉案山，歷史悠久，爲中原佛教禪宗傳入雲南的第一寺。

自清光緒以來，夢佛上人住持該寺後，曾對筇竹寺進行一次大規模重建，並講經傳戒，佛事不斷，爲滇省近代以來法事最盛之地。虛雲在此講經傳戒畢，應眾所求，在該寺刊印了《楞嚴經》全文及《寒山詩集》等。不久，又有板存寺僧來請虛雲傳戒。

虛雲在昆明半年多的法事活動，在當地佛教界乃至社會各階層引起熱烈的迴響，滇省各界紛紛前來迎請虛雲舉辦法事。虛雲在板存寺傳戒畢，即有大理府提督張松林、李福興二人率大理眾士紳來昆明，將虛雲、戒塵二人接至蒼山腳下、洱海之濱的大理府最大的佛寺——崇聖寺，請虛雲在雨銅殿講《法華經》、《楞嚴經》，戒塵法師爲代座。聽者甚眾，講經畢，又有數千人皈依虛雲門下。

※

時提督李福興代表大理官紳及信眾數人至崇聖寺拜見虛雲，請求虛雲留住崇聖寺，以期重振大理佛法。

虛雲本不願住城市，且乘願而來，見李軍門等辭意懇切，乃告之曰：「吾不住城市，早有願在雞足山掛單，但山中子孫不許。今諸位護法能爲貧僧在雞足圖一片地，願開單接眾，以爲全山模範，以挽救滇中僧眾，恢復迦葉道場，此衲所願也。」

眾人聞言，無不稱讚虛雲之善願，李提督亦深爲虛雲之悲心所感動，當下同意了虛雲的請求，並令隨行的賓川縣知事立即著手辦理。

不久，虛雲、戒塵就離開了大理崇聖寺，再朝雞足山。二人至雞足山大覺寺，晤道成長老。在道成長老及賓川縣知事等的敦請下，二人在雞足山缽盂峰下缽盂庵住下。虛雲乃以戒塵爲監院，擬重建缽盂庵，改爲十方叢林，以重興雞足道場。

缽盂庵古名迎祥寺，因位於缽盂峰下，故俗稱缽盂庵。此峰形勢圓秀，尤爲靈眖所鍾。但由於庵前右側有一巨石，即堪輿家所謂的「白虎」，乃爲不吉祥之相，故自嘉慶以後便已無人居住，庵堂內早已是破敗不堪。虛雲、戒塵在此住下後，決定首先將庵前那塊不祥之石移至左邊，在原處開鑿一放生池。

該石高九尺四寸，寬七尺六寸，其狀嵯峨古怪，如拳頭形，石上遍生苔蘚，足見年代久遠。頂部平整可容數人趺坐其上，質地堅硬無比，斫之不碎。去土察之，無根基，蓋由別處移來，非自生此處。雇請工人百餘，拚力三天，竟移之不動。

虛雲法師乃在伽藍神前焚香禱告，頌誦佛咒。然後親率十餘僧人將石左移了二十八丈，此舉轟動在場觀眾，歎爲神力相助，有好事者題爲「雲移石」，以記虛雲等移此巨石之功也。後來文人雅士朝山見此石亦多有題詠。

重修缽盂庵，使之變成十方叢林，可開單接眾，實是一項艱難至鉅的大工程。事既展開，急需大量資金。虛雲在昆明、大理等處所得少量捐資很快便告罄，爲募籌所需資糧，虛雲決定留戒塵法師在寺中料理事務，自己獨往滇南等處募化。

※

虛雲離開雞足山後，經由下關至永昌，沿途數百里，道路十分艱難。其實多處根本無路，官民也從未修築過。虛雲在寂寞滇南道上艱難行走，多日後來到一個叫蒲漂的小鎮時，忽覺道路漸暢，似有人新修過。

一打聽，原來是一位外省僧人，發心苦行，自願在此修路，不募捐，只任來往路人助些伙食。算來迄今已有數十年，不曾退轉。當地人十分感激此位僧人，特意爲之修一孔雀明王寺，請住安居。然該僧不願住下，只顧往前修路。

虛雲聞言，十分驚異，難得有此等德行之人。於是加快步伐，循新築的道路前進。臨近日暮，虛雲方見前方果有一老僧，荷鋤攜畚，已經收工，正欲返回住處。

虛雲急忙上前向老人問訊。對方望著虛雲，打量了一番，未予作答，逕自轉身而去。虛雲也顧不得許多，只是隨老人回到寺內。老人放下鋤具，在蒲團上坐定。虛雲復近前參禮，老僧仍不顧視，也不答話。虛雲深感老僧非比尋常，決心一定要弄個明白，於是也面向老僧對坐。

次日早晨，老人準備做飯，虛雲便爲之燒火。飯菜熟後，老人亦不招呼，逕自食之。虛雲便自取缽盛飯。食畢，老僧荷鋤，虛雲負箕，二人共同搬石挖泥鋪沙，同起同止、同作同息，過了十餘日，然二人未發一語，彼此配合默契，相安無事。

一日夜晚，明月當空，虛雲在寺外一塊大石上趺坐，至深夜仍未回寺。老僧輕步出寺，至虛雲後背，對之大喝道：「你在此做什麼？」

虛雲聞聲微微睜開眼睛，緩聲應道：「看月。」

老僧問：「月在何處？」

答：「大好霞光。」

老僧道：「徒多魚目眞難辨，休認虹霓是彩霞。」

虛雲則接著答道：「光含萬象無古今，不屬陰陽絕障遮。」

老僧聽罷，拉起虛雲的手，大笑道：「夜深了，請回寺休息。」

次日，老人便主動地與虛雲攀談敘話。原來，老僧名禪修，原籍亦湖南湘潭人，少年時就出家爲僧，二十四歲時曾在鎭江金山寺禪堂參修數年，後來朝山至西藏及南亞諸國。從緬甸回國，經過此地時，見此處道路崎嶇，人馬行之十分艱難，於是發願獨修此路，在此已有數十年，老人今年已是八十三歲。數十年之間，不曾遇過知己，今日有幸遇見虛雲，實乃緣分，因而方一傾吐爲快。

虛雲在異地遇知己，且是同鄉，亦倍覺親切，乃告之以自己出家因緣，以及此行緣由。二人談得頗爲投機，實有相見恨晚之感。但虛雲記掛雞足山修寺募化一事，於次日早飯後即向禪修老人辭行，二人彼此大笑而別。

※

虛雲到達騰衝後，因此處無寺掛單，逐於城中湖南會館住下。行單未及卸下，會館內外就有數位穿孝服者求見虛雲和尚。

會館主事人將數人引入屋內叩見後，虛雲問道：「何事相見？」

來人答：「請和尚念經。」

虛雲曰：「我非應赴經僧。」

來者又說：「是爲一位和尚念。」

虛雲覺得奇怪，聽說此地無和尚，哪來爲和尚念經之事？

會館主事人接著替來者解釋說：「此事說來十分巧合。今日來者（穿孝服者）爲本地鄉紳吳太史老人的曾孫。老人平生修持甚謹，數十年不懈，被當地稱爲大善人，今年壽已八十餘，膝下兒孫數十人，其中榮膺孝廉科者有數人，選爲秀士者更多。目前老太爺去逝時，自言是和尚，囑咐家人以僧裝將其入殮，不許家人哭泣，不許殺牲，也不許請巫師來誦經，並且還說不日將有高僧來此爲其超度。說罷便盤膝坐脫。去逝已有數日，但老太爺仍面目如生。今日大師即到此地，豈非法緣乎？望大師慈悲。」

虛雲聽罷會館主事之陳述，當下即應允孝子之請，往其府上為吳太史誦經超度，並令施食七日。整個儀式莊嚴而簡略，在騰衝引起一陣不小的轟動，全城官紳士庶聞訊咸來吳府隨喜結緣，請求皈依者無數。

虛雲和尚為千餘眾授戒皈依後，一日，吳太史家中暨騰衝官紳，聯袂前來虛雲下榻的湖南會館，願為建寺，懇請大師在騰衝長住，虛雲謝絕了四眾的善意，說：「我原為重修賓川雞足山而來募化，不意在此為吳太史做法事，實不能久住。」眾人聞說，無不歡欣喜悅，踴躍捐款，眾官紳所捐尤鉅，不幾日便已積資數萬。不久，虛雲便辭別騰衝信眾，啟程回山。

虛雲回到雞足山後，首先著手備足糧食，然後親自率領眾人修殿堂、建僧房。如是晝夜辛勤，宏觀碩畫，巨細親躬，至是年底，缽盂庵已粗具規模。

然而，虛雲和尚覺得，復興雞足，改建十方叢林，最重要的是引導僧人修持，以重振祖庭道風。只是雞足山積習既久，積重難返，創業何其艱難。以前雞足山中僧人不講修持，不上殿坐堂聽經，甚至連香都不燒，只是坐享寺產。因此虛雲決定在大興土木的同時，開設禪堂，坐香打禪七。但是，剛開始時竟無人進門；講經，亦無人來聽，於是便改作傳戒。

對於晚清佛門之衰敗，虛雲早有深刻的體會。他後來多次說到：「佛法之敗，敗於傳戒不如法。」規矩失傳，則眞理埋沒。若傳戒如法，僧尼又能嚴守戒律，則佛教不致有今日之衰敗。他後來還曾對弟子們說到，「我自慚愧，初出家時不知什麼是戒，只知苦行，以爲吃草不吃飯就是修行，什麼大乘、小乘、三藏十二部全不知道。」

虛雲在鼓山出家時，鼓山戒期只有八天，且新受戒什麼名目也不知道。後來到各處跑了，傳戒情形各有不同：天童寺戒期十六天，普陀山戒期十八天，名「羅漢戒」；安徽寧國府戒期只有三天；而徽州某寺的戒期更短，只一晝夜就完事，名之曰「一夜請」。

這樣的苟且傳戒是不如法的。相比較而言，鎭江金山、揚州高旻、句容寶華山及天台山國清寺等戒律謹嚴，戒期皆爲五十三天。因此虛雲決定從傳戒入手，嚴格戒律，以戒法引化，從而振興雞足道風，仿江蘇寶華山律制，定戒期爲五十三天；戒期後再繼之以打禪七、坐香。

由於在此前滇省少有傳戒，結果虛雲在缽盂庵舉行第一次傳戒，就來了八百餘人，從此當地信眾知有戒律一事。虛雲和尚還在缽盂庵立定規約：凡在本寺爲僧者，須著僧裝，吃素禁葷，傳戒坐香聽經，嚴格按照禪門清規進行。

經過虛雲、戒塵等耐心的勸教，漸漸的，雞足山中僧眾就與虛雲和尚往來，知要結緣，要開單接眾，穿大領衣，搭袈裟，上殿念經，不要煙酒葷腥，學正見，行為逐漸改變過來。缽盂庵也由此成為全山模範，四方信眾來此求戒及掛單者日益增多，影響所及，雞足山中其他寺院以及滇中其他地方亦漸漸改革陋習，重視修習。雞足全山道風，為之一振。

南洋募化

虛雲和尚在雞足山重建鉢盂庵，整頓戒律不到一年時間就已名揚滇中。光緒三十一年春（西元一九〇五年），位於雞足山西北面的石鐘山石鐘寺老和尚寶林上人，屢次派人來雞足山，請虛雲和尚至彼傳戒講經。虛雲推辭不過，受請往石鐘寺主持法事，聞訊前來求戒者達八百餘人。傳戒畢，回到鉢盂庵繼續督修工程。

時鉢盂庵監院戒塵，因長期料理寺務，恐有礙修持，乃於鉢盂庵辦戒期之機，於寺內閉關修練，寺務悉請虛雲暫代料理。

戒塵掩關後，因功用難得純熟，特效古行般舟行。般舟者，立佛三昧也，九十日不坐不臥，一心念佛。此行頗爲艱難，非意志絕堅、功用精純者，難以完成。戒塵勉強行滿九旬，繼又打七一次，至第七日，疲倦已極，不得已中止。雖然未獲三昧，然較前工夫已略爲純熟。

戒塵入關後，鉢盂庵常住漸漸增多，且無租石；而重修鉢盂庵各殿堂，仍需資金無數，但此時虛雲在騰衝所募款項又將用盡。時鼓山湧泉寺妙蓮老和尚攜弟子等正在南洋檳榔嶼一帶弘化，虛雲聞知此消息後，便決定亦親往南洋募化，以期完成缽盂庵重建事宜。是年初夏，在安頓好寺務以後，虛雲和尚便別眾啓程下山了。

經過南甸時，虛雲曾應太平寺僧請在此講《阿彌陀經》數日，然後繼續南行，由畹町越過邊境至緬甸境內。循千崖轡，越野人山，經過新街，便到達瓦城（今曼德勒）。由於虛雲一路風雨兼程，且所經之地爲高山叢林地帶，山嵐瘴氣密布，感染瘴毒，終於在瓦城露宿時發作，全身發燒，肢腫無力。

身處異國，文字言語不通，萬般無奈，虛雲只好拖著沈重的病體蹣跚行進。當來到一個名叫柳洞的地方，有一座佛寺叫觀音寺，爲一中國僧人在此住持，便擬暫在寺中住下養病。

然而，令虛雲感到奇怪的是，每吹虛雲在殿中向這位華僧行禮，均不顧，毫無反應，只是在誦〈纖悔文〉畢，唱「殺、殺、殺」三拜。

於是虛雲便不再上殿。且每日早午晚齋堂中所食爲蔥蒜牛奶雜食，虛雲便不吃，亦不言，只是飲水而已。該僧見狀，乃令粥飯不下蔥蒜，虛雲方食之。

至第七日，該僧親自來請虛雲吃茶，二人才盡興攀談。交談中，虛雲知此僧名定如，原籍在湖南寶慶，其父曾在雲南任武官，任上不幸亡故，遂出家，曾在普陀山接法，從竹禪和尚學畫。

虛雲問其拜殺之故，定如曰：「殺鬼子。」原來在十餘年前，定如由香港乘船至星洲（即新加坡）途中，無端遭受洋人虐待，備極難堪，故而終身痛恨洋人。後來輾轉來到緬甸，在此間鬻畫。定如之畫頗得竹禪禪師眞傳，當地人多珍之，因而觀音寺內齋糧倒也不缺。

十年來，定如在此間接待過不少中國來僧，但大多裝模作樣、脾氣古怪，甚至有些雖身著僧裝，但言行與俗人無異。今見虛雲戒行謹嚴、圓融無礙，十分難得，故而如實的將一切都告訴了虛雲。虛雲便以怨親平等之義耐心勸之，但定如氣仍未有所減消。

自是，定如每日殷勤招待，不久，虛雲身體漸漸康復，即行告辭。定如執意相留，希多住些時日，然虛雲告之此行募緣之故，堅辭。於是定如亦不再挽留，乃替虛雲買好去仰光的火車票，備足路費乾糧，並且代虛雲拍一封電報至仰光高萬邦居士，囑其至車站接車。定如親自將虛雲送至車站上車後，二人互道珍重，依依惜別。

※

車到仰光，虛雲受到了早已等候在站台上的高萬邦居士全家，以及仰光龍華寺監院性源法師等的熱情歡迎。

高萬邦居士亦為華人，鼓山妙蓮和尚早年在仰光弘法時，高氏就已成為其皈依弟子。高居士也很早從妙蓮師處聞知虛雲法師苦行之名，但一直未見過虛雲，也沒有虛雲的消息。今日突然得見，自然令高萬邦及其全家十分驚喜。高居士一行將虛雲法師接至家中，備極優待。

當虛雲問起妙蓮老和尚的近況時，高萬邦告訴他：「妙蓮老和尚現在馬來亞檳城（檳榔嶼）極樂寺。老人常常對我們及其身邊弟子說起虛雲師苦行經歷，並且十分記掛你的近況。如今若知你來此地，定然十分高興，但最近有消息傳來，說老人欲回福建，擬修復寧德龜山。因此可能不久即將歸國。」

其實，虛雲又何嘗不時刻掛記妙蓮恩師！今聞老人就在檳城，欣喜異常。急於見師，又恐老人歸國，虛雲便欲立即離開仰光啓程赴檳城。高萬邦居士等苦苦相勸，挽留虛雲多住些時日，並立即給檳城極樂寺拍電報，告以虛雲法師將往。同時，連日來，由高居士親自陪同虛雲往各處參觀。虛雲見師心切，無心觀光，只是匆匆忙忙遊覽了仰光大金塔及各處主要聖蹟後，就辭別眾人，乘船離開了仰光。

或許是好事多磨，也許是虛雲一生中該有此一難，在虛雲到檳城的乘船途中，又發生了一件意外，險些又一次置其於死亡的邊緣。

由於緬甸近來瘟疫流行，客輪剛達檳榔嶼碼頭，就發現艙內有染瘟疫而死者之屍體，引起了當地人的恐慌，便立即在船頭懸旗打限，將船上所有人帶到遠處一荒山上接受檢查。千餘乘客被迫趕至一破棚中，無遮無蓋，任憑日曬夜雨；每人每日僅發米一碗，蘿蔔二根，自己煮食，醫生每日前來觀察二次。

十餘天過去了，人皆盡去，唯獨虛雲一人被最後留下。由於不久前病體初癒，加上連日來日曬雨淋，心中焦急，舊病復發，且日益加劇，形容悽苦，已漸漸不能進食，而醫生卻疑虛雲為瘟疫患者。

數日後，又將虛雲移至一淨屋內，無人居，只有一老人在外巡視。一打聽，老者為泉州人。原來此屋是為將死的病人住居，以備剖腹解屍。虛雲遂將己欲往極樂寺的緣由告之。老者念虛雲為中國人，且為僧眾，於是動念救之，便取來一碗神麯茶讓虛雲喝下，接著又吃了二天，病情略見好轉。老者還關照虛雲；千萬不要服食醫生為其所備之藥。

復明日，醫生來後，強迫虛雲服下帶來的藥丸。老者知道後，驚歎道：「你難以活過明日了。」原來那藥是為將死的病者準備的，擬於服藥後次日解剖屍體。老人抱著最後一線希望對虛雲說：「我現在去取此解藥給你吃，但難有活命的希望，只看佛祖保佑了。」

次日早晨，老人走進屋內，只見虛雲坐在地上，滿地是血，已不能言語，所幸的是，人還活著。急忙又取些藥來讓虛雲服下，又爲虛雲換下已是骯髒不堪的衣服，幫其洗淨身體，歎道：「別人吃了昨日醫生所給的藥，活不過次日。看來你命不該絕，佛有靈也。」並告訴虛雲：「上午醫生來時，可裝得神氣一些，如無事一般，醫生或許會放你出去。」

上午九點鐘，那位醫生前來，見虛雲依然神清氣朗，頗爲吃驚，以手指了指虛雲，笑了一笑，果然離去。虛雲問其故，老者曰：「他笑你不該死也。」

老人又去與當地番人多方疏通，終於答應將虛雲放行。老人還爲虛雲安排一艘小船，扶虛雲上船，親自將其送到碼頭上岸，又爲再雇一輛小車將虛雲送到極樂寺廣福宮，才最後離去。虛雲望著老人離去的身影，心中充滿了無限感激之情。

※

檳榔嶼極樂寺規模宏大，原是由鼓山湧泉寺監院覺空法師奉妙蓮和尚之命，在台灣及南洋一帶募化所建，是當時馬來亞乃至整個南洋地區規模最大的一座大乘佛寺。寺僧眾多，主要由華僧管理。該寺所供奉的觀音塑像有十三層樓之高，至今仍是東南亞地區最大的造像。

光緒三十年（西元一九〇四年），即去年，妙蓮老和尚進京請藏，頒回《龍藏》

二部，一安置漳州南山寺，一安置於此，並親自護送至此。此舉在檳城及南洋地區佛教界引起極巨大轟動。妙蓮和尚來後又助建極樂寺，並在南洋一帶弘化，直到今日。

虛雲到極樂寺，最先見到覺空首座，便向前行禮，「弟子虛雲頂禮。」由於身體極度虛弱，拜下後已再也不能站起來。

覺空法師見是虛雲，且是一副病態，大吃一驚，連忙扶起虛雲，說道：「高居士已來電二十餘日，至今未見你消息。妙蓮老和尚及眾人皆十分著急。你如何弄成這樣？」忙一面喚人前來將虛雲扶至客堂休息，一面著人給妙蓮和尚通報。

未幾，妙蓮老和尚趕至，極樂寺大眾亦聞訊前來，老少聚滿一堂，滿室生輝。虛雲此時則是百感交集，悲喜異常。喜的是，終於見到幾十年未曾謀面的恩師妙蓮老和尚，而悲者則是險些喪命於異域！

妙蓮老人對虛雲道：「我在此天天盼著你的消息，怕你遭險。本欲回閩修龜山，聽說你要來，故在此等候了多時。」

虛雲忙道：「此是弟子罪過。」便將自己離開鼓山後的幾十年的行跡經歷，此次南洋之行緣由，特別是日前在乘船途中的險遇詳細敘述。眾人聽過，無不驚喜慨歎，皆合掌念佛。

眾人談了許久，妙蓮老人恐虛雲病體虛弱，要親自去為找他醫配藥，虛雲則制止道：「既已到家，妄念頓息。在此歇養數日，便會好了。」

自此，虛雲在極樂寺每日靜坐調息，休養身心。妙蓮老和尚也時常關照虛雲：「南洋氣候炎熱，與內地不同，久坐則有戕色身。」

虛雲卻感覺很好，似乎沒有什麼妨礙，仍繼續靜坐養心，有時一坐就是數日。

不久，虛雲的身體亦漸漸恢復。同時，妙蓮和尚也準備啓程回國。臨行前，妙蓮和尚囑咐弟子虛雲：「我先回國，你身體康復後，可在此講一部《法華經》結結緣。另外，你講經結束後，勿先回滇，望來鼓山一轉，我有要事與你說。」虛雲稱「弟子遵命」，師徒二人又談了很久。次日虛雲及覺空等親將妙蓮和尚送上船，離開檳城回國去了。虛雲隨即在極樂寺開講《法華經》。

這極樂寺在南洋一帶聲名卓著，而虛雲法師又是妙蓮和尚之高徒，因而虛雲此番講經，吸引了遠近各埠無數信眾前來聞法，有數百人皈依虛雲法師門下。緊接著馬六甲州諸護法又請虛雲至青雲亭講《藥師經》；吉隆坡葉佛佑、黃雲帆居士等請至靈山寺講《楞伽經》。各埠護法慕名來迎請虛雲講經者絡繹不絕，半年的法事活動，前後皈依者達萬餘人。

※

南洋一帶地處赤道附近，這裡氣候炎熱、四季如夏，溫度變化不大。虛雲自離開雞足山來南洋募化，不知不覺當中已臨近歲末。而此時此地的中國，正處在西北風勁吹、氣候寒冷的隆冬季節。一日，極樂寺忽然收到署名「滇省全體僧眾」的來電，催請虛雲速回中國，有二件要事商辦：一是由於政府提取寺產，國內掀起一股「廟產興學」的風潮，影響亦波及滇省，且情勢日益嚴重；寄禪法師（即八指頭陀）等有識之士來電約請諸山大德集於滬上，共圖挽救之策；二是慈禧太后七十壽辰將近，宮中來電請虛雲進京為太后誦經祝壽，不得有誤。

「廟產興學」風潮由來已久。自中日甲午戰爭失敗以來，洋務運動繼續深入人心，許多中國人痛感非西式學校教育及西方科技文明不能拯救大清帝國。「百日維新」之後，後期洋務派的代表人物、湖廣總督張之洞，在所刊印的《勸學篇》一書中，提出了「學堂可以由佛道寺觀改建之」的主張，認為「今天下寺觀何只數萬，都會百餘區，大縣數十，小縣十餘，皆有田產，其物業皆由布施而來。若改作學堂，則屋宇田產悉具，此亦權宜而簡易之策也。」顯然，這一主張主要是針對佛教而言。因為較之寺宇，道觀數量微不足道。張之洞還對「寺產興學」提出了很具體的方案。

此論上奏後不久，在光緒二十六年底（西元一九〇一年初），亡命西安的西太后即宣布「變法」開始。幾年之中，清廷推行了一系列所謂的「新政」措施。其中一項重要內容即為廢八股取士的科舉制度，各省書院改為學堂（校），辦新式教育。而張之洞的論奏亦由清廷詔示、經軍機處頒發至各省督撫及學正，付諸實施，由此在各地觸發了第一次廟產興學風潮。

不過，由於清廷內部一開始就出現意見分歧，此次提寺產事件亦有波折。但自詔布之日起，寺產便開始不同程度遭到侵奪。特別是自光緒三十一年（西元一九〇五年）正式廢科舉、實行學校教育以後，侵奪寺產、毀壞佛像、驅逐僧尼的事件常有發生，愈演愈烈，且以湘、皖、蘇、滇等省尤為嚴重。應當承認，最早一批新式學堂的創辦者以及鼓吹者中，多為具有新思想的開明人士，他們的教育救國主張，也是合乎當時世界之大趨勢以及中國之現狀的，而且其中有許多是迫於資絀而動用寺產的。

但此舉畢竟忽略了宗教在近代社會中的社會功能；而且，此一下策在實施過程中，原寺廟所有者根本無權稍作監督，外國教會勢力及一些假洋鬼子趁火打劫，各地經辦官僚藉機中飽私囊者亦不計其數。因而這一政策剛剛實施，便在佛教界激起了當局未曾料想到的強烈反應。

率先起來奔走呼籲，抗議清廷這一帶有歧視佛教性質的舉措的，是著名詩僧、寧波天童禪寺住持寄禪和尚（即八指頭陀）。寄禪和尚原名敬安，別號八指頭陀，原籍為湖南湘潭。在住持天童寺之前，曾在衡陽羅漢寺、南嶽上封寺、大善寺、寧鄉溈山密印寺、湘陰神鼎寺、長沙上林寺等湘省六大叢林住持。光緒二十八年夏，天童寺首座幻人法師率領兩序首領代表親自往長沙迎請，於是寄禪辭去上林寺住持，赴寧波天童寺任住持。時虛雲在雲南聞訊後，嘗賦詩一首以示祝賀；同時也表達了虛雲對敬安和尚的敬意：

衣留太白一燈長，百尺松高古道光。
法印特開新雨露，祖庭復振舊冠裳。
山中禮樂千秋憲，海內文章萬古香。
總是三關曾透過，東西震竺任翱翔。

第六章　促立佛會・痛失恩師請龍藏

聖人設教，總以濟世利民為要。語其初基，則為去惡從善……是我華夏自古以來，政教並行，政以齊民，教以化民……而佛教教人治心，心為萬物之本，本得其正，萬物得以寧，則天下太平。

請藏歸山

虛雲

自光緒年間清廷有提寺產之議以來，敬安為護教，奔走呼籲，從而聲名大振。同時敬安還是一個非常愛國的僧人，曾自言愛國心與大慧宗杲同。時浙江省學堂有提取寺產之議，杭州僧界情急，為護寺計，便貿然以寄禪名義，領銜聯合浙東三十五寺請日僧駐寺保護。寄禪聽到這一消息，認為此舉辱國辱教，氣憤至極，便立即上書清廷，表明愛國立場，呈請政府與日人交涉；同時寄禪等還聯絡國內各名剎大德進京請願，以平息廟產興學風潮。

廟產興學風潮使國內佛教界頓時面臨危急形勢，其直接原因是由於清政府的腐敗無能，在外交上、軍事上等方面連連失利，割地賠款，加重了本已搖搖欲墜的封建王朝的負擔，欲圖自救，委實難能，故而出此下策；但虛雲意識到，更為嚴重的是，由此暴露出中國佛教界自身潛伏的嚴重危機。因為傳統佛教主要依賴地產維持生存，法系傳承上多為師徒相傳，門戶林立，長期以來，產業多，弊端也多，僧材嚴重缺乏，自然無力抵禦外界壓力。

敬安和尚爲維護國家尊嚴，力行制止外國籍僧人來華駐守，固然令人敬佩；在華日僧也確有配合日本當局侵略行徑的不良之圖——民國四年，日本政府向袁世凱提出《二十一條款》逼中國政府承認，其中一條就謂中國自己不能振興佛教，須由日本派僧至中國布教。但是另一方面，日本佛教界對世界大勢的認識較爲清晰，在佛教近代化方面確實先行了一步。

當時多次來華的日僧小栗棲香頂，曾針對十九世紀以來基督教在全球的擴張狀況，提出「日本、中國、印度三國聯盟」，號召「全亞洲佛教徒團結一致」，以抵制西方宗教的傳播的主張，不能不說是有眼光的。可惜其主張未獲得中國佛教界的共鳴。因此，虛雲覺得有必要借鑑日本佛教近代化的經驗，改革中國佛教的現狀，才能從根本上擺脫目前的困境。接到滇省佛教界來電後，虛雲便決定途經日本，先行考察日本佛教界的現狀，如有可能，聯合中日佛教徒，然後再回上海共圖大計。

光緒三十二年春（西元一九〇六年），虛雲在馬來亞吉隆坡靈山寺度過新年春節後，便搭船啓程。船經台灣基隆時，參觀了由妙蓮和尚募建於光緒二十五年（西元一八九九年）的靈泉寺。到達日本後，虛雲便在京都等地參觀日本佛寺。

其時，正值以孫中山爲領袖，以排滿革命、建立民國的宗旨的中國革命同盟會，在日本東京剛剛成立，並積極開發輿論宣傳和武裝起義，而清政府也正千方百計在國內外鎮壓革命：查禁革命書刊、捕殺革命黨人，許多人被迫流亡日本。加之國內佛教界抵制日僧的呼籲，中日兩國暗中摩擦日益加劇。往來於中日兩國之間的人員（特別是僧人），被密切注意和嚴格盤查。中國政府更是明令禁止日僧來華，而對於去日本的中國僧人亦倍加注意。

處在這種形勢之下，虛雲本欲聯合中日佛教徒一事只得作罷，而此行對日本佛教現狀的考察也收穫不大。三月份，虛雲便乘船回到上海。

虛雲到達上海後，會同敬安禪師，及昔日終南同參的常州天寧寺方丈治開禪師，和陸續從江蘇、浙江、湖南等各地僧伽代表等各聚上海靜安寺，共同商議決定，推敬安、治開、虛雲等爲代表赴京請願，奏請聖上，下詔明令制止提取寺產之舉。

※

敬安、虛雲、治開等抵達北京後，受到北京佛教界人士的熱烈歡迎，被安排至賢良寺住下。龍泉寺道興和尚、觀音寺覺光和尚，及僧錄司掌印僧法安法師等親自招待。聞知虛雲和尚詣京，肅親王善耆，及當年在庚子事變中、隨駕西行時熟識的諸王公大臣舊友，亦前來賢良寺探視。眾人齊聚一堂，一面安排虛雲和尚爲西太后誦經祝壽法會一事，一面策畫上奏請願事宜。擬請肅親王等王公先在宮中斡旋，疏通關節，這邊則由敬安禪師代擬奏稿。在眾護法的共同努力及幫助下，上奏頗爲順利。不久，光緒帝頒布諭旨，全文如下：

上諭：

前因籌辦捐款，疊頒諭旨，不准巧立名目，苛擾貧民。近聞各省辦理學堂工廠，諸多苛擾，甚至捐及方外，殊屬不成事體。著各該督撫，飭令地方官，凡有大小寺院，及一切僧眾產業，一律由地方官保護，不准刁紳蠹役，藉端滋擾。至地方要政，亦不得勒捐廟產，以端政體。欽此。

聖旨一下，寄禪、虛雲等無不歡欣鼓舞，奔相走告。此諭頒布後，各省——特別是南方數省——提寺產之風遂暫告平息。在雲南，有雲貴總督李經義等奉諭禁止各地提寺產，全省僧伽亦暫得安居。

敬安等此次上書，還獲准由寺院自設學堂，成立僧伽教育會，既辦僧伽教育，也辦普通教育。

這是中國近代佛教教育的肇興。應該說，這次廟產興學風潮，一方面暴露中國佛教內部的弊端和危機，同時也加速了傳統佛教向近代化的嬗變，促使佛教內部改革的呼聲日益高漲。此後，各地新式佛教學堂和僧伽教育會之類的近代佛教團體，如雨後春筍般的建立起來，標誌著中國近代佛教的復興達到了一個新的高度。

敬安禪師、治開禪師凱旋南歸後，虛雲禪師為西太后祝壽及重興雞足山等事仍留在北京。

※

祝壽誦經法會畢，一日，虛雲對肅親王及眾護法說：「雲南雞足山道場，以明朝時香火最盛。然自清朝開國以來，整個雲南未曾頒發《龍藏》，似應奏明聖上，頒請藏經全部，法惠遐陬。」眾皆贊許。遂由肅親王發起，民政部尚書肅、柏林寺住持澄海法師、龍興寺住持道興法師等聯名具結奏稿，由內務府總管大臣上奏請旨。奏文曰：

為請旨事，據僧錄司掌印僧人法安稟明：雲南省大理府賓川縣雞足山缽盂峰迎祥寺住持僧人虛雲呈稱，本寺係為名山古剎道場，缺少藏經，願欲請頒《龍藏》一份，永遠供奉。查此山寺，即迦葉尊者勝會，其寺實屬古剎，請頒《龍藏》，為崇佛法，經民政部尚書肅、柏林寺住持澄海，龍興寺住持道興等加結前來，謹據情奏請。如蒙諭允，應由臣衙門傳知僧錄司，轉飭辦理。為此謹奏　請旨。

虛雲之德名，西太后早有所聞，當年隨駕西行時，還親自向其垂問佛法；今虛雲又專爲祝壽前來，因而請旨十分順利。六月初六日（陽曆七月二十六日）聖上准奏，硃批「奉旨依議，欽此」。九月三日，有諭旨下：

上諭：

雲南雞足山缽盂峰迎祥寺加贈名護國祝聖禪寺，欽賜《龍藏》、鑾駕全副。欽命方丈、御賜紫衣缽具、欽賜玉印、錫杖如意。封賜住持虛雲，佛慈洪法大師之號，奉旨回山傳戒，護國佑民。內務府大臣傳知虛雲，謹領各件回山，永鎮山門，善爲布教，地方官民，一體虔奉，加意保護，毋得輕褻，此諭。

虛雲接到聖旨後，即從內務府領取所賜《龍藏》及各件。諸事剛剛辦妥，九月八日，虛雲忽然接到鼓山湧泉寺妙蓮和尚急書。妙蓮老人在信中再次囑咐虛雲：「藏經起行，可先到廈門，由南洋轉運至滇。至廈門時，經暫留廈，汝速回鼓山一晤。」

閱畢信，虛雲不由得又記起在馬來亞檳榔嶼，妙蓮和尚臨別時的一番叮囑，知其必有要事相託。然而此番晉京，已領請得全副《龍藏》，又有御賜法器什物多件，如何將它們運回到遙遠的滇省，著實是一件複雜而艱難的事情。

在京中諸護法鼎力相助下，運經之事準備就緒。光緒三十三年（西元一九〇七年）正月，虛雲一行運經出京。先乘火車至天津，然後改乘海輪出天津大沽口，經滬時稍作停留，再由上海出發，四月份，輪船到達廈門。路途中，多蒙養眞宮轉道和尚及普院佛頂山文質和尚出力不少，故也較爲順利。

※

虛雲剛剛到達廈門，有噩耗自福州鼓山傳來；妙蓮老和尚已於二月二十四日在福建寧德龜山圓寂，是時龜山興建剛剛完畢。現老人遺體已運回鼓山荼毗。虛雲聞訊，不覺悲從中來，潸然落淚。此前恩師一再囑咐往鼓山一晤，今未及回山竟撒手西逝，實爲終生遺憾！

虛雲將經藏暫留廈門，便會同廈門諸山長老及僧眾一行星夜兼程趕赴鼓山，幫助籌辦妙翁善後事宜。到達鼓山後，虛雲得知恩師在臨逝前一直記掛著弟子虛雲，希望虛雲能回山續法，維護祖庭，但只留下半句偈語便瞑目圓寂。逾時其頂尚熱，入龕數日，老人仍面目如生，身發異香。望著恩師遺容，虛雲感傷不已，痛吟悼詩一首：

徒驚慧日落西州，痛煞祇園諸比丘。
石鼓山林都變色，白雲猿鶴盡含愁。
推棺不見雙趺露，入室方知半偈留。
憶昔盧山曾記莂，蓮花再放定回頭。

妙蓮老人的遺體荼毗後，虛雲法師及鼓山眾僧決定在鼓山湧泉寺下院，為老和尚建靈塔傳冥戒，以一半靈骨入塔供奉，另一半運南洋極樂寺供奉。由虛雲為撰〈傳洞宗四十五世妙蓮老和尚塔銘〉。靈塔峻工後，接連半月滂沱大雨不止。

至五月十九日，菩薩戒畢，天始放晴。次日大晴，福州及遠近官紳士庶信眾來山者絡繹不絕。二十一日，老和尚靈骨入塔時，天坪祭齋百桌，大眾齊聲誦經，上供施食，祈願妙蓮老人往生極樂。念〈變食眞言〉時，忽起一陣旋風，將諸祭品旋於空中，靈龕頂一道霞光直貫塔頂。法會畢，眾人回寺，天忽又下起了滂沱大雨，眾人無不讚歎老人功德圓滿。

「久與家山別，今來鬢已斑」。虛雲禪師此番回到故地，離當初辭鼓山職事潛修訪道，已整整四十年！四十年的滄桑變遷，如今的鼓山「院荒頻易主，石瘦半成頑，舊友不相識，幽禽自往還」。昔日舊友中，惟有古月禪師等數人尚在，餘皆不識。如今虛雲自己也已是年近古稀的老人了！

思前想後，虛雲不由得感慨萬千！料理畢老和尚喪事後，虛雲一一拜訪了古月禪師等數舊友，「緒緒話前因」，深談備覺親切。然而虛雲此次奉藏旋滇，事關重大，又要護送妙蓮和尚的部分靈骨歸南洋極樂寺，且值此國難當頭、佛法衰敗的艱難時代，因而虛雲不敢延緩半日，便向鼓山諸長老告辭啓程。

臨別時，望著鼓山那熟悉的山山水水、一草一木，不覺又觸景生情，慨然吟歎：

夕陽歸客感愁心，憶侍巾瓶淚滿襟，
誨我眞修戒定慧，動人感歎去來今。
龍髯未及斯何世，鶴影長空渺故林。
今日眞成生死別，孤懷寥落發長吟。

※

虛雲法師一行奉迎藏經及妙蓮老人部分骨灰，繼續由廈門乘船南行，經台灣海峽、南海、馬六甲海峽，終於抵達馬來亞檳榔嶼。是時，由吉隆坡觀音亭及馬來亞各地趕來檳榔嶼迎經者有數千人之眾。虛雲及極樂寺諸眾便在極樂寺內爲妙蓮老人舉行祭禮，由虛雲和尚拈香主祭，將妙蓮老人靈骨奉入龕塔。當大眾念〈變食真言〉時，忽然又起旋風，將萬花吹散，靈龕頂湧白光，直透達空中。

此二靈異之事為虛雲親眼目睹，實乃匪夷所思。佛云：「密行難思議。」妙蓮老人平生修持之事，不為眾所知。虛雲所知者僅為：老人惟以修建寺院、接眾結緣為務，並未主行於禪淨。自己自從披剃後，流蕩四方，久未侍奉，且數十年未通音訊，深覺有負師恩。然最後因緣，竟為其料理龕塔，分光舍利，得以親歷此奇特因緣。當憶及老人屢囑諸事，又似有前知者，難以預測，只有等待將來之驗證。

妙蓮老和尚靈骨安奉已畢，虛雲決定將《龍藏》暫供於極樂寺，擬繼續在南洋講經募化。不久，就應觀音亭僧眾之邀，乘船到吉隆坡，到吉隆坡最大的大乘系寺院觀音亭開講《般若波羅蜜多心經》。講經畢，便乘船轉赴暹羅（泰國）。

※

在乘船途中，虛雲法師遇到這樣一段奇緣。由於輪船中無素食供應，虛雲便不食，終日趺坐。一位英國籍遊客見狀頗覺好奇，近前仔細打量虛雲良久後，用漢語問道：「和尚去哪裡？」

見此人通曉華語，虛雲便應答曰：「去中國雲南。」這位英人一聽，立即邀請虛雲到其客房中敘話，並拿出糕餅、牛奶請虛雲食用，虛雲表示謝絕。

英人又問：「你是雲南何處的？」

「雞足山迎祥寺。」

英人答：「此寺規矩甚好。」意下對虛雲法師之修持亦甚爲敬佩。

原來，這位英國人剛從雲南來，曾經做過英國駐昆明及騰衝領事官員。任職期間，曾到過雞足山及滇省各處寺院、道觀參觀遊覽。

英國領事又問虛雲此行何事，虛雲即將自己來南洋募化，進京請願，頒《龍藏》歸山一段告之，「由於路費缺乏，故到檳榔嶼化緣。」隨即又出示了有關公文證據及化緣簿。

英領事當下就在簿上揮筆寫下「三千元」。又請虛雲在此吃素餐炒飯，同船至暹羅首都曼谷上岸後，二人分手告別。

※

虛雲到達曼谷後，在龍泉寺住下。時有昔日虛雲在終南山潛修時同參妙圓法師在此寺任職。已然七、八年不見，今在他鄉重逢，格外親切。妙圓法師隨即請虛雲在本寺開講《地藏菩薩本願經》，聽者有數百眾。期間，那位英國領事曾來寺探望虛雲法師，付三千元現款後離去。

但虛雲因運藏回滇並建藏經樓，重興祝聖寺，所需資金甚鉅，非數萬金不可。因而於講完《地藏經》後數日，繼續開講〈觀世音菩薩普門品〉。講經期間，虛雲日則登講席開示，夜則回禪堂趺坐，不知不覺已過去一月。

一日，龍泉寺職事僧見虛雲未去講堂講經，數百聽眾在彼已等候多時了，以為是虛雲忘記時間，特地趕往虛雲所住禪房中催請，但見虛雲趺坐於蒲團上，已然定去。執事沒有打擾，悄然退出。

誰知虛雲法師此一定去，竟然直至九日後方開靜出定。這一消息傳出後，轟動了整個曼谷信眾，謂為「活佛再世」。自暹羅國王、王后及諸大臣，以至無數計的善男信女，咸來龍泉寺禮拜並結緣。虛雲出定後繼續講完了〈觀世音菩薩普門品〉，就被暹羅國王及王后請至王宮中誦經，並得王室百般供養，肅誠皈依虛雲門下。此番來暹羅講經，王公大臣、官紳士庶先後皈依者達數千人。

不過，自從此次定後，虛雲漸漸感覺足生麻痺。開始只是行動稍有不便，後來便全身麻木——果應妙蓮老人前年所囑之言，南洋天氣炎熱潮濕，久坐有戕色身。虛雲病情日益嚴重，以致手不能執箸，食要人餵。龍泉寺眾僧及諸護法多方聘請中醫及西醫來診治，俱無效。

但是，此時的虛雲雖然口不能言，目不能視，卻身心泠然，毫無痛苦之感。惟有一件事放心不下：因為有滙票縫在衣領內，無人知道。倘若萬一化身，隨火燒去，則《龍藏》經書不能到滇，雞足山殿宇不能修建，這筆因果如何能負？虛雲思之深切，不覺淚下，惟有心中默祈迦葉尊者加持護佑。

時妙圓法師日夜悉心照料，不離左右。待虛雲口稍能言時，就令妙圓師到華佗神像前求藥方。

初求一方，只是木槲、夜明砂二味，服後果然應驗，目能視，口能言；再求一方，只赤小豆一味，以豆煮粥飲食，不准吃其他雜物。連吃二日後，虛雲便覺得頭能轉動；三求華佗得方，仍是赤小豆一味。從此，虛雲便以赤小豆為食，數日後，漸知痛癢，大小便通暢。

至二十餘日後，就能起行，身體漸漸復原。於是虛雲向龍泉寺諸眾、特別是妙圓法師深表謝意，又起身向華陀神像禮謝：發願以後建伽藍殿，必供華陀之位。

病癒後，虛雲繼續在龍泉寺講《大乘起信論》。這時，檳榔嶼極樂寺長老得知虛雲病重消息後，特派善欽、寶月二位法師趕來曼谷龍泉寺，欲迎接虛雲回極樂寺休養。

在離開曼谷前，暹羅王宮內諸王公、大臣及曼谷眾護法、善信無數前來為虛雲法師送行，共得募金近三十萬。

為答謝虛雲誦經之功德，暹羅國王還將暹羅南部洞裡（董里）的三百頃土地贈送給虛雲。

回到檳城後，虛雲便將洞裡的三百頃土地轉贈予極樂寺。極樂寺住持善慶和尚等得此贈地，歡喜異常，決定在洞裡設樹（橡）膠廠，以為極樂寺常住資糧，並親自負責經營。至是年歲末，洞裡樹膠廠很快建成，虛雲及欽月法師應邀同往樹膠廠參觀遊覽新建廠房及洞裡一帶佛寺名勝。在此，虛雲自然受到眾人殷勤招待和百般禮遇。

※

光緒三十四年（西元一九〇八年）春，在善慶老和尚陪同下，虛雲法師遊覽了馬來亞雪蘭峨諸勝蹟，參觀了由善慶和尚親自募建的觀音閣及其他寺院；又至怡保大小霹靂等處名勝遊覽，轉道回到檳城極樂寺，繼續在此講經。先開講《大乘起信論》，繼之講《華嚴經》之〈普賢行願品〉。

由於虛雲在暹京一定九日，轟動了整個暹羅，亦傳至馬來亞各埠，因而當虛雲在洞裡及雪蘭峨、怡保等處遊歷時，每至一處皆受到當地善信的盛情歡迎及崇拜，發心皈依者無數。因此幾乎每天都在忙忙鬧鬧及應酬接待中度過。虛雲法師素喜清靜獨修，半年多的熱鬧中度日，使虛雲漸漸感覺煩厭。於是在極樂寺講完〈普賢行願品〉

之後，就決定在極樂寺閉方便關：暫停講經，亦不會客，在此靜修一段時間。

就在虛雲於極樂寺閉關期間，從國內連續傳來幾則令人震驚的消息：十一月十四日光緒皇帝在瀛台涵元殿駕崩，同日慈禧太后立愛新覺羅．溥儀為帝，改號宣統（即宣統皇帝），自立為太皇太后；次日，年邁的太皇太后亦病死於宮中。政局的變遷動蕩，使虛雲又惦記起剛剛平息了廟產興學風潮的國內佛教界的情況了。

按自第一次「廟產興學」風潮平息後，國內許多有識之士開始認識到：傳統的僧伽制度已到了非革新不可的時候了，而其首要舉措當為建立新式的佛教團體和組織。

同年，著名學者章太炎與釋曼殊聯合發表〈儆告十方佛弟子啓〉和〈告宰官白衣〉，一面喚醒中國佛教徒認清形勢，自願興辦佛教教育，一面敦請當局及那些廢佛興學主張的士大夫了解世界大勢，認識宗教的社會功能，正確地對待佛教的存在。

從此，新式僧伽教育在全國各地，特別是江蘇、浙江、湖南、北京、安徽等省普遍興起。其中楊文會居士於西元一九〇七年秋，在南京創辦的祇洹精舍，堪為近代僧伽教育的典範，它明確主張：「中國佛教必須跟上世界大潮。」與此同時，國內許多知名僧人如釋道階、覺先、文希、月霞、笠雲等或出遊南洋、或東渡日本進行考察，以期藉此重振中華佛教。

相對而言，在雲南省，由於虛雲久出未歸，佛教教育及改革的步伐顯得緩慢一些。因此，當虛雲了解到國內的有關信息後，深感時勢緊迫，便決定準備啓程歸國。

宣統元年（西元一九〇九年年）年關剛過，虛雲就將《龍藏》分裝數十箱，由檳榔嶼運經起行，乘船離開了馬來亞北上。首航到達緬甸仰光後，有高萬邦居士等在碼頭迎接。高居士留虛雲在仰光住了月餘，另從仰光請了一尊玉臥佛，擬與藏經一起送至祝聖寺供養。高居士還幫助虛雲安排運經事宜，並親自將虛雲一行送至瓦城（曼德勒）。

輪船到達新街後，虛雲一行在觀音亭駐足歇息。接下來的道路爲崎嶇的山路，車輛難行，只有僱請馱馬方能得行。由於物件太多，計分爲三百餘馱。然高居士所贈玉佛太重，馬匹不堪重負，且又僱不到人力——如此人馬同行，已然幾及千餘眾。虛雲無奈，只求暫將玉佛供奉於觀音亭，直至七年後方來此請回。虛雲一行在新街的四十餘日，又是蒙高萬邦居士親自料理，施財施力，僱請人馬，才使得一干人馬得以順利啓行，誠爲難得。

與高萬邦居士依依惜別後，虛雲一行順利穿越道路複雜艱難的中緬邊境一帶，到達騰衝後，提督張松林率領眾官員親自在城外迎接。由於虛雲此行乃奉聖旨歸山，所運之物爲欽賜《龍藏》及其他御賜法物，因而沿途所經之地，多有地方官員親自迎接並招待及安頓人馬，故而一路平安無事。

到達大理時，雲貴總督李經羲委派專員至大理，並率領大理府眾官紳在城外接旨迎藏，行迎經大典。數以千計的信眾夾道歡迎，意欲親眼目睹此一法門盛事。其盛況空前，實爲滇省佛門百餘年來所罕見，目睹斯事，眾皆讚佛法無邊。虛雲等在大理城中休息十餘日後，繼續啓行，由下關趙州抵賓川縣。是日晴空萬里，虛雲一行終於回到雞足山缽盂峰下祝聖寺。運經途中，所經山川水澤，風雨晦明，艱難重重，然到達雞足山時，竟無滴雨弄濕經箱。

回到祝聖寺後，虛雲和尚即著手建藏經樓。在地方當局及眾護法的共同努力下，歲末前，藏經樓如期建成。缽盂庵寺門也換上了金光燦爛的「敕賜護國祝聖禪寺」新匾，全寺煥然一新。

西元一九一〇年二月九日舉行奉經入藏典禮的那天，正值（西元一九〇九年）臘月三十香會日，遠近聞名前來朝山的香客數以萬計。在布置一新的祝聖寺藏經樓前，萬眾隨喜踴躍，地方官紳、名流學士贈匾、題詩、撰文以誌慶賀者不可勝數。虛雲目睹這一盛況，亦覺萬分欣慰。重興迦葉道場，振興滇省佛法，爲期不遠矣！

創立滇藏佛教會

自從迎請《龍藏》歸山以後，缽盂峰祝聖寺香火日盛。雲貴總督李經羲也常派員來山供佛，還令其全部家眷來寺皈依虛雲和尚。同時，祝聖禪寺掛單上殿僧人也日漸增多。於是，虛雲在新座講經的同時，為嚴格戒律，整肅整個雞足教風，親自擬訂了〈雲水堂規則〉等規章，頒布全寺實行，並設立戒壇，定例每年傳戒一次。

寺務既繁，復請戒塵出關相助。但是辛亥革命以後，戒塵法師見社會變亂，若常助虛雲師兄辦事，不免妨害自己用功，不久便離開了祝聖寺，至昆明筇竹寺結茅靜修。此後，戒塵法師與虛雲雖不在一處，但常為佛法因緣相互警策、幫助，不減當年。

同時，虛雲和尚還在雞足山組辦僧伽教育會，提倡僧伽教育，以教導青年僧人革除陋習。由於以前賓川縣多盜，影響所及，雞足山中各寺僧眾亦多有不法者。時賓川縣知縣張某，長沙人，思想偏狹，為人強悍勇猛，治理嚴厲，且結黨會，賓川縣士紳多掛名其中。雞足山中不法者，亦被拘捕多人。但對虛雲和尙卻禮敬優渥。虛雲和尙爲拯救雞足山道風，以慈悲爲懷，親往賓川縣，與知縣張某商議赦免被押僧尼，以利於教育及悔過。結果，一大批輕罪囚徒（包括雞足山僧人）被赦，眾僧對虛雲和尙感激不盡，願從此悔過自新，嚴格修持。

是年雞足山祝聖寺傳戒時，有一原在雞足山做工的曾日辨（字具行）領全家八口乞求出家。此人生得貌醜耳聾，出家前嗜好吸煙、吃肉、喝酒等壞習。依虛雲和尙出家後，虛雲乃教之念佛法門，以求生淨土。具行遂一心息念，摒息諸緣，不久便受具足戒，是年方二十一歲，是日全家八口同時落髮。具行於受戒後行苦行，日種菜、夜則禮拜觀音，出家前所有積習盡行斷除。雖不識一字，但習坐間則用功課誦，不要人教，自極精勤，人皆喜之。

由此一例，於雞足山道風之轉變可見一般。自虛雲和尙迎藏經歸山後，恭敬布化，地方官吏士民亦日益敬佩之，乃至滇省販夫婦孺莫不知有虛雲和尙之名者。

不過應當說，虛雲對戒律的強調，不僅是對禪門傳統清規的恢復與肯定，同時更是順應了近代歷史的潮流。中國佛教禪宗（主要是南禪）流衍至明清，其末流演成狂禪，乃至摒棄戒律，近代佛法由此而衰。虛雲對此是深惡痛絕的。由嚴格戒律入手進行僧伽教育，這一舉措既是佛教的復興，也是佛教革新的要求；守戒不僅是爲保持佛教自身的傳衍，也是中國近代社會用宗教倫理彌補法治不足的需要。對於大眾來說，以宗教形式傳播倫理規範，往往比其他形式更爲有效。因此說，虛雲法師對戒律的強調，既是復興近代佛教（禪宗），也順應了中國社會及文化近代化的趨勢和潮流。

※

西元一九一〇年夏天，虛雲和尚忽然接到由福建鼓山湧泉寺轉來湘鄉觀音山尼師清節（即譚氏）的一封家書。原來在這年春天，尼師清節突然打聽得虛雲曾在福建鼓山遊歷的消息，十分驚喜，便立即修書一封，託人帶至鼓山。湧泉寺執事僧接到來書後又轉託至雞足山祝聖寺，方交至虛雲手中。

清節尼師在信中詳敘了自虛雲遁別家鄉後，近五十餘年來家中所發生的一切事情：老父親早於同治三年病故，庶母王氏領田、譚二氏在觀音山出家爲尼；府中一應事宜，悉由叔父、嬸嬸料理，叔嬸亦將蕭家產業多作善舉，以益鄉里。田氏小姐亦於出家後第四年因病歸西，現家中只有蕭華國繼續君嗣。「憶君遁別家山已五十餘年，寤寐之間，刻難忘懷」。無奈雲山阻隔，音問難通，故「未能獲侍左右」。去年冬天，即宣統二年臘月初八日（西元一九一〇年一月十八日辰時，庶母王氏（尼師妙淨）亦辭世西歸。彌留之際，嘗留二偈，傾訴衷曲：

人生養子有何益？翼硬展翅便衝飛。
懷胎命若懸絲險，既生得安謝神祇。
乳哺不倦尿屎苦，如獅捧毬不暫離。
待得稚雛成鵬去，慈親衰老猶靠誰？
兄薄弟寒父亡故，棄我婆媳竟何依。
癡情難解鞠育念，益想益悲令人啼。
欲作鬼母尋子去，舉目雲山萬重圍。
汝能志辦生死事，不見龐蘊把道違。
俗情法愛何殊義，山禽尚曉棲落暉。
雖獲同願奉佛寺，日洗寒山冷翠微。
兒即早爲空王子，世尊昔曾度阿姨。
恨茲娑婆盡煩惱，休心今向極樂歸。

又一偈云：

每因恩愛戀紅塵，貪迷忘失本來人。

八十餘年皆夢幻，萬事成空無一人。
今朝解脫生前累，換取蓮邦妙淨身。
有緣念佛歸西去，莫於苦海甘沈淪。

偈畢，斂視片刻，趺坐寂逝。清節尼師還說，「古德云：『大善無後。』君雖曾伽再世，然頓絕二祠香煙，雖是菩薩度盡眾生，未免使愚迷謗無孝義」，因而常常覺得有虧於孝道，故而痛苦呈書，使知家中事務，並懇請虛雲，信到之日，即請束裝就道，同富國一道回家，萬勿延遲，以「不枉清節傾渴翹翼，竭盡愚忱，盼禱無涯矣！」

讀罷清節尼師如泣如訴的手書，虛雲自是一番感歎欷歔：庶母撫育之恩未報，誠可悲者，然庶母（妙淨尼師）出家四十餘年，虔心奉佛，命終心不顛倒，留偈而逝，即生西之兆，此可喜也。從弟蕭富國自從受戒圓具後離開鼓山遠遊他方，亦一直未見音訊，後來虛雲也曾多方打聽，但迄今下落不明。

此時雞足山道場百廢正興：講經、傳戒、修寺建屋，虛雲和尚難得片刻閒暇，自然不可能如清節尼師之願束裝就道，回湘鄉省親。於是便修書一封，託人帶回觀音山，說明自己出家以來略歷及當下境狀，身不由己，亦屬無奈。

是年四月，雞足山祝聖寺復又開始傳戒；求戒者有數百人。由於虛雲和尚重振戒律，規範俱在，眾皆勉力遵奉律制，開壇演戒，一切如法進行。戒期後，虛雲和尚於四月佛誕日親制〈滇南大雞足山鉢盂峰敕賜護國祝聖禪寺同戒錄序〉，雲貴總督李經義亦為撰〈同戒錄序〉，以志崇隆正法，整肅威儀。

正當虛雲和尚在雲南雞足山重建迦葉道場，拯宗風於頹敗淪墮，苦心經營數年，使滇省佛法為之一振的時候，腐敗無能、搖搖欲墜的清廷統治卻已經走到窮途末路，行將壽終正寢。自西元一九〇一年起慈禧太后推行的一系列「新政」措施，及其聽政最後二、三年內「預備立憲」等行動，並未使清政府從政治、經濟、文化等種種危機中擺脫出來；相反的，中國社會民族矛盾、社會矛盾日益激化。

西元一九〇五年孫中山先生發起，由原興中會、光復會、華興會等革命團體或政黨及留日學生，在日本東京成立了第一個民主政黨——中國革命同盟會，並明確以「驅除韃虜，恢復中華，建立民國，平均地權」為行動綱領，此後幾年，同盟會領導了一系列武裝起義。

宣統三年（西元一九一一年）十月十日，湖北的革命黨人在武昌發起了起義，很快光復了武昌城，並成立了以黎元洪為首領的中華民國軍政府（即湖北軍政府）。武昌起義的成功，推動了湖北及全國各地革命形勢的高張。到十一月，全國二十四個省區中已有十四個宣布脫離清政府的控制，成立了各自獨立的都督府。十二月底，各省都督府代表集會於江蘇南京，選舉剛剛從日本歸來的孫中山先生為中華民國臨時大總統，黎元洪為副總統。西元一九一二年一月一日，中華民國臨時政府在南京正式成立，宣布共和政體，改用陽曆（西曆），以西元一九一二年為民國元年。

但不久，在打著「中立」旗號的英、美、日、俄等國公使的調停下，南京、武漢方面與實際由袁世凱控制的清政府，在上海舉行南北和談，雙方達成妥協。西元一九一二年二月十二日，清宣統帝溥儀宣告自行「遜位」，接著孫中山也辭去臨時大總統之職，並由臨時參議院選舉袁世凱為臨時大總統。應袁世凱之要求，將臨時政府遷往北京。從此，統治了兩百六十餘年的滿清王朝、繼續了二千多年的中國君王專制制度宣告結束了。

辛亥革命是中國歷史上劃時代的重大事件，近代史上的里程碑。革命的成功對於正在復興中的近代佛教也產生了深刻的影響。不過在革命初期，因戰爭導致社會動蕩、局勢混亂，使一些地方的佛教也受到一定的衝擊。而此時虛雲和尚則四處奔走呼籲，為護教興國及民主共和做出了獨特的貢獻。

當武昌起義的消息傳到雲南省時，滇中頓時大亂，賓川縣亦響應起事。有革命黨人率領軍隊進攻縣衙。知縣張某堅守縣衙內，孤立無援，只等被殲。虛雲和尚在雞足山祝聖寺，聞知此訊後，不忍見生靈塗炭，發慈悲心，挺身而出，隻身下山到縣城，意欲說服雙方，平息事端，拯救眾生。

圍困縣衙的革命黨人首領見到虛雲大和尚來此，即訴說道：「此張某罪大惡極，請公誘其出來，然後殺之，以平民忿。」

虛雲卻答道：「殺張某並不難。但本縣地處邊遠，許多謠傳不實，內地大事未定。你等圍城殺官，倘若有一支救兵前來，汝等如之奈何？」

一句話問得該首領啞口無言以對，忙問虛雲：「怎麼辦？」

虛雲接著告訴首領：「吾聞不久前，前四川布政使趙藩銜命至大理府。大理距此地僅二日路程，汝等往訴其罪，則張某死於法，汝等亦無罪。」

該首領及其屬下皆點頭稱是，便依議退兵至縣衙以外。

虛雲入衙見張某後，張緊握虛雲雙手曰：「我爲赴義，將以遺骸累公。公爲我於雞足山覆一坏土足矣！」言畢淚如雨下。

虛雲則說：「毋然！」並告之以調解之意。

當地士紳乃推虛雲和尚及本地名流張靜軒出面，與交火雙方達成停戰協議，圍兵依議撤去。張靜軒老先生則代表賓川民眾赴大理晤趙藩。趙遂親自率兵前來，賓川縣署之圍遂解，隨後知縣張某也離開了賓川縣。

不久，雲南省宣布獨立，蔡鍔將軍自任大都督。恰巧知縣張某之子為都督府外交司長，與蔡鍔是老同學。事後張某致書虛雲和尚謹表謝忱，說：「公非獨救吾生，且造福賓川。不然，殺父之仇，吾子能不報哉？」

民國成立以後，全國各地紛紛易幟響應。然而西藏王公活佛（達賴喇嘛）倚仗地勢險遠，不肯易幟。臨時中央政府乃命滇軍出兵征討。滇軍遂以殷叔桓為總司令，率領二師兵力前往討伐西藏。當討伐軍前鋒到達賓川後，虛雲以為邊地烽火再燃，則災禍無盡，滇藏不得寧日矣。於是再次下山，與滇軍先鋒官同至大理征討軍總部，面陳總司令殷叔桓。

在荷槍實彈、軍容嚴整的國民軍營內，虛雲和尚面無懼色，坦率直陳，先曉以利害，動之以理，然後向殷總司令建議道：「藏人素來信佛法，何不派遣一通曉佛理者前往說服，不折一兵一卒，定然事成。」

殷叔桓也頗以為然，當即欲請虛雲和尚為宣慰法師往說之。

虛雲說：「某方漢人，去恐無功。此去不遠，在麗川有一喇嘛名曰東保，德高望重，藏人十分敬信之，曾授以『四寶法王』之號。若請彼往，事必有成。」並自告奮勇前往勸說。於是殷叔桓便備公文，派隨行數員跟隨虛雲前往麗川謁見東保喇嘛。

當虛雲和尚說明來由之後，一開始，東保卻以年事已高，體衰不便爲由辭之。虛雲勸道：「昔日趙爾豐用兵之禍，藏人至今猶寒心。公難道吝惜三寸舌，而忍看數千萬藏族同胞的生命財產遭殃嗎？」

東保老人被虛雲一言相激，乃忙起身致歉，說：「我去！我去！」遂受國民革命軍宣慰法師之職，以同院老僧法悟爲副使，攜有關公文入藏與活佛談判。

不久，便與西藏活佛達成協議，返滇覆命。滇軍遂罷兵休戰，中華民國遂成一統之局面，而虛雲和尚亦不無功勞矣。並且，由於此次協議加強了雙方的溝通和理解，西藏與雲南之間長期以來的摩擦齟齬，竟得以緩解和消除，自此彼此相安無事。

※

然而，自辛亥革命以後，特別是清帝遜位後，國內局勢一直動蕩不安。加以民國初創，百廢待興，故臨時政府捉襟見肘，經濟窘迫，困難重重。因而政府內務部曾正式下令通行各省調查廟產，以分別公私官民之產，分別提取供各級政府開支。由此，各省特別是在安徽和雲南等地軍警逐僧毀佛、社團學校侵占寺產之風又漸盛行。在雲南，時雲南講武堂總辦、新軍協統李根源，素來不信佛教，見滇省僧伽不守戒律者甚眾，便親自率領軍兵赴諸山逐僧拆寺。

當李根源率兵來到雞足山時，當地士紳民眾紛紛來到李的軍營，為雞足山特別是祝聖寺虛雲和尚求請。見此情形，李根源頗覺奇怪，內心尋思：虛雲只不過是一個窮和尚，何以竟如此得民心？竟指名要捉拿虛雲和尚。

捕文下來以後，雞足山諸寺僧眾盡皆逃散。祝聖寺內百餘僧眾雖未散去，然亦皆誠惶誠恐。眾皆勸虛雲和尚暫時離開，先避一避鋒頭。

虛雲和尚毫不畏懼，凌然正色道：「諸君欲去則去耳。如屬業報，避又何益？不如以身殉佛耳。」眾僧聞言，方得鎮靜下來，皆依虛雲和尚，堅守下去。

數日後，李根源果然率兵進山，駐營於悉檀寺，砸毀了金頂雞足大王銅像，佛殿、天王殿等處亦皆被毀壞。當有僧人至缽盂峰祝聖寺告急時，虛雲和尚冒著性命之憂，不顧眾人勸解，獨自一人趕到悉檀寺，出示名刺請見李統帥。

時軍營守衛兵丁認識虛雲和尚，便冒著危險好心勸道：「公速逃離，大禍將臨矣！」並堅決不予通報。

虛雲和尚見狀，乃不顧一切，逕直闖入李根源的司令部，只見李根源正與前四川布政使趙藩並肩坐在廳內議事。

虛雲遂趨前向二人行禮通名。趙藩因與虛雲有舊，起身答禮。李根源知是虛雲，自己正要捉拿他，他卻主動闖營，惱怒形之於色，但礙於趙藩之面，不便動怒，只是傲然睨視，不予答禮。

趙藩問道：「虛公從何而來？」

虛雲將來意說明之後，李根源更是光火，厲聲問道：「和尚請回答李某一個簡單的問答，佛教有何用於社稷？」

虛雲不慌不忙，平靜回答：「聖人設教，總以濟世利民為要。語其初基，則為去惡從善……是我華夏自古以來，政教並行，政以齊民，教以化民……而佛教教人治心，心為萬物之本，本得其正，萬物得以寧，則天下太平。」

李根源聽罷這一席話，不覺面色稍平和了一些，接著又問道：「照和尚這麼說，那麼寺廟裡要這些泥塑木雕做什麼？豈不是空費錢物，勞民傷財。」

虛雲繼續陳述：「佛言法相，相以表法。不以相表，則於法不張。法相表彰，則人易生敬畏之心耳。人心若無敬畏，則無惡不作、無作不惡，禍亂是以形成。即使以世俗言之，尼山塑聖、丁蘭刻木，中國各處各宗族祠堂供奉之祖先牌位及天地神祇，以及東西方各國所信奉乃至鑄造之上帝、其主之神像，亦不過是令人心有所皈依，及起其敬信之忱，其功效誠不可思議耳。話說回來，就佛教而言，語其極則，若見得諸相非相，即得見如來也。」

再看李根源，其顏已現和悅之色，忙招呼左右沏茶備點心，請虛雲和尚上座用茶。

李根源又問：「可是爲什麼現在許多和尚不做好事，反做出許多不善不法之怪事，如此豈不成爲國家之廢物、社稷之渣滓？」

虛雲和尚回答：「『和尚』一詞是對僧人之通稱，其義本爲能教人學戒定慧者。但和尚實有聖凡之別。不能見一二不肖之僧人，而嫌棄全體僧眾，難道竟因一二不肖之秀才而罵孔子？今將軍統領兵弁，雖軍紀嚴明，但並非普天下之軍隊皆如這般嚴明正直矣！大海不棄魚蝦，故能成其大；佛法以性爲海，故無不容。僧徒秉持佛法，護持三寶法物，潛移默化，其用彌彰，並非全爲廢物也！」

李根源雖係軍人，但曾留學日本，並加入過同盟會，學識淵博，趙藩亦爲舉人出身，二人皆爲知書達禮之開明士人。因而虛雲這番言語，言簡意賅直扣人心弦，李根源不由得不轉怒爲喜，笑逐顏開。

於是，趙藩、李根源與虛雲和尚三人開懷暢談，至深夜留虛雲和尚用晚齋。齋後，繼續秉燭暢談，向虛雲和尚請教佛法。虛雲和尚由分別因果至理，說到業網交織；由業果因緣說到六道輪迴，世界相續、眾生相續，言愈暢而理愈深，不明之處，李、趙間以柔語相問，而虛公則以容貌禮接。

最後，李根源喟然太息道：「佛法如此廣大，在劫難逃。然吾正殺僧毀寺，罪業深重矣，如之奈何？」

虛雲和尚乃慰之曰：「此乃一時社會風氣使然，非公一人之過。將軍若從今以後極力護法，則功德莫大焉。」李根源大喜，如釋重負。

※

次日，李根源隨虛雲和尚移住缽盂峰祝聖寺，與寺僧同住，素食數日，並請皈依，向虛雲和尚執弟子禮。是時，雞足山其他寺廟僧眾聞訊亦陸續回山。在雞足山住了一段時間，李根源將軍見虛雲和尚德名遠揚，全山僧眾無不對其十分敬信，心中益加感動，於是執弟子禮，請虛雲和尚為雞足山全山住持，然後引兵退回省會昆明去了。

此一事件，若非虛雲和尚至道苦行，精誠所至，豈能輕易在頃刻間轉變李協統之觀念，挽狂瀾於既倒！李根源本為一闢佛之將軍，今忽轉念為一護法，誠不可思議矣！自此以後，李根源常常來山訪道，與虛雲說教談禪，且時有妙諦。

後來虛雲在雲南創建滇藏佛教分會，種種事業端賴李根源之贊助而得以順利進行。在李根源調離昆明後，住廣東韶州督辦軍務，亦曾屢屢來訊，邀請虛雲至廣東復興曹溪南華，虛雲以雞足山因緣未盡，未能立即前往。此後四十餘年，李根源爲佛門外護，用力至多，儼然一老居士矣！

這一事件同時也表明了這樣一個趨勢：爲從根本上解決「廟產興學」之類的事件，推進中國近代佛教的復興和近代化，維護佛教的自身利益，成立一個全國性的僧伽組織已是勢在必行。事實上，武昌起義（即辛亥革命）的成功，亦使佛教界深受鼓舞，各地在原來僧伽教育會的基礎上，紛紛發起成立佛教聯合組織。在上海，有楊文會居士的諸弟子，李證剛、桂伯華、黎端甫等發起組織了「佛教會」，謝無量等人發起組織「佛教大同會」；在北京，釋道階發起組建了「中央佛教公會」，釋太虛、仁山等在鎮江金山寺組織了規模較大的「中華佛教協進會」等等。

但由於各個組織的宗旨、規章不一，相互之間常有衝突、爭辯，特別是滬上「佛教會」與「佛教大同會」之間衝突尤甚。一些組織內部也因觀點不同分成新、舊派別，衝突時常發生。太虛法師創辦的「中華佛教協進會」在成立大會上，就因衝突劇烈而使會務陷入停頓。佛教界一批有識之士對此深感憂慮。

天童寺住持敬安法師、金山寺治開法師等認爲，辛亥革命結束了中國數千年以來的封建王朝，實現了民主共和，這是歷史的進步和發展。而民主政治以自由、平等、博愛爲精神，這正與佛教普度眾生的宏旨相吻合。而新的佛教聯合組織，理應捐棄成見，本著寬容的精神聯合起來，制訂新的統一章程，以順應時代潮流。

因此敬安法師不顧體弱多病，抱病與冶開禪師等趕赴滬上，積極組織協調、斡旋工作，並電邀各地諸山大德同赴滬上商議成立佛教總會一事。虛雲也積極贊成敬安禪師、太虛法師等的進步主張，因而在辛亥年冬（西曆一九一二年初），接到敬安的電報後，立即北上赴滬。

到達上海後，虛雲會晤了敬安、冶開、普常、太虛、諦閑諸法師。共同商議決定籌組統一的全國性佛教組織，擬將各省僧伽教育會改組成中華佛教總會，並吸收不久前成立的中華佛教協進會、中央佛教公會及佛教會、佛教大同會等組織加入，以便使佛教界以統一的形象出現，更有利於維護佛教的根本權益。由於此時全國各地侵奪寺產的事件再度出現，且情形日趨嚴重，在佛教的共同利益面前，一些組織內部多派也暫棄前嫌，因而敬安等的倡議獲得各省代表的一致贊同。

爲了使總會的成立得到臨時政府的支持，在成立大會召開之前，敬安、虛雲還專門赴南京面謁臨時政府大總統孫中山先生。孫中山先生素來敬重佛法，在反清排滿的革命運動中，曾多次得到留日中國僧人及國內佛教界諸名僧（如宗仰法師）的大力支持，因而對成立佛教總會一事表示積極支持和嘉許。

西元一九一二年四月，中華佛教總會在上海留雲寺正式召開成立大會，來自全國十七個布政司舊轄地的僧伽教育會代表聚集一堂，共商大計。諸山長老共推德高望重的敬安禪師爲總會會長，釋道興、清海爲副會長，將原有的各省（縣）僧伽教育會改爲支部或分部，此後陸續在全國成立了二十二個支部。

虛雲和尚當選爲佛教總會理事，並領命爲滇藏佛教分會會長。會議還決定由敬安、冶開等負責起草《中華佛教總會章程》。總會設常務辦事處（機關部）於上海清涼寺，負責處理日常事務，聯絡各地寺院、擴充組織等事宜。虛雲和尚被暫留在上海機關部處理日常事務，這期間，曾應上海佛教居士林之請，在靜安寺爲眾開示。在演說時，虛雲和尚再次重申宗律二法爲當今末法時代的對症之藥。

第七章　重振雲棲・奔走和平發願心

仰細控南海，龍華建梵官；香飄金塔外，佛現一塵中。
樓閣垂金鎖，橋樑架玉虹；天人交集處，同禮一聲鐘。

布施興會

中華佛教總會成立以後，上海辦事處（機關部）不斷收到來自各地支部關於逐僧毀寺的告急文書。雲南省的情況，由於李根源的觀念轉變，事態大有好轉，但安徽、湖南支部還派專人到上海總會所在地，請求設法制止寶慶府軍、警、學校紛紛侵奪寺產的情形。寶慶僧人還聯名狀告至北京政府內務部，要求回覆。但因民政司長的反對，未果。敬安、虛雲皆爲湘人，接到各地告急文書，特別是湘僧的請求後，感到事態十分嚴重，焦急異常。

於是敬安會長一面電告北京佛教界，請釋道階、文希在北京設立總會辦事處，以中華佛教總會的名義，與袁世凱的北京政府先行接洽，避免事態進一步惡化，一面決定準備親自進京，向袁世凱大總統請願並磋商有關事宜，同時攜帶總會章程詣京謀立案登記，取得政府的認可，乘國會即將召開之際，使佛教總會活動合法化。

西元一九一二年十月，在中華佛教總會福建支部釋本忠、江西支部釋大春、滇藏支部釋虛雲的陪同下，敬安法師以中華佛教總會會長的資格，代表中國全體僧界離滬北上，進京請願。抵京後，敬安一行駐法源寺。敬安還與釋道階、文希等對會章作了最後一次修訂。章程規定：「本會係中華民國全體僧界共同組織。」其宗旨爲：「統一佛教，闡揚法化，以促進人群道德，完全國民幸福。」規定總會的基本任務爲：「明昌佛學，普及教育，組織報館，整頓教規，提倡公益，增興實業」等等。此一會章，實際上代表了佛教內部革新派的一些主張，具有鮮明的近代佛教特色。

之後，透過北京政府內閣財政部長、進步黨人士熊希齡居士的疏通，將會章遞交政府內務部立案審查。十一月九日，因湘中之事緊迫，敬安偕道階親自趕往內務府禮俗司面陳事態。禮俗司長乃四川人杜關。不久前，正是此人以內務部名義通令調查各地僧產，竟然以爲「佛寺布施爲公，募化爲私」，分別提撥，以供各級政府開支。敬安見到杜某後，即根據《中華民國臨時約法》據理力爭：僧界亦屬國民一分子，理應享受公民平等之權利，政府應明令保護寺產，以維護佛教之權益，敬安還對杜關所謂「公私」之分別加以駁斥道：「在信徒爲布施，在僧眾即爲募化，均爲僧徒所有，非屬政府或地方公產。」杜關理屈辭窮，竟老羞成怒，詞色轉厲，意在恫嚇敬安。

敬安不堪忍受杜關的揶揄凌辱之辭，與道階憤然退出內務部。道階、文希轉而設法聯絡了袁世凱大總統及趙秉鈞國務總理，約期往謁之，冀以收回內務部之通令。是日夜，敬安等返回法源寺，剛下車忽覺胸膈作痛，舊疾復發。眾人忙將寄禪師扶回榻上歇息。至夜半，侍者以爲無大礙，各歸房就寢。次日（即十一月十日）晨，道階等往視之，見敬安禪師已作吉祥臥示寂。

敬安遽亡的消息傳開以後，全國各地佛教徒群情激憤，社會各界也紛紛爲之抱不平。財政部長熊希齡立即面見袁世凱，曉以大勢及利害，代爲佛教總會請願。在各方的壓力下，袁世凱大總統最後終於下令轉飭內務部，收回內務部成文，核准《中華佛教總會章程》。寄禪和尚以自己的生命，換得了國內佛教界的一方平安。

※

爲料理敬安法師的喪事，釋道階、虛雲、本忠等撫柩南歸。西元一九一三年二月二日，上海佛教界在靜安寺舉行敬安禪師追悼法會。敬安之弟子太虛出席會議並致悼詞。

太虛法師俗姓張，浙江崇德人，十六歲時在蘇州出家，西元一九〇五年十八歲時，依敬安和尚在天童寺受具足戒。太虛曾深受辛亥革命的洗禮，又親眼目睹恩師寄禪以死抗爭的悲劇，以及北京攻府壓制民眾團體的政策和損害佛教利益的行徑，因而深深感到：中國佛教如不棄舊圖新，勢將坐以自斃。因此在敬安追悼法會上致悼同時，太虛也明確提出了「教制革命、教產革命、教理革命」三大口號。

太虛此論震撼了中國佛教界，在滬的部分保守的佛教界人士，當即與之進行了激烈的辯論。後來，太虛法師又進一步系統地提出「人間佛教」的口號，使其自然而然擔當起了中國近代佛教改革的領袖人物，從而譽滿全國。

三月三十一日，由於各派的協力，中華佛教總會第一次全國代表大會，在上海靜安寺正式召開。江西、雲南、江蘇、浙江等省支部代表出席大會。由於前會長敬安的圓寂及與會代表的變動，會議重新選舉了總會領導機構；推舉治開、熊希齡為會長、清海為副會長、圓瑛為參議長、道階為機關部理事長兼辦事處處長，太虛為機關刊物《佛教月報》總編輯。

第一次代表大會結束之後，虛雲領滇黔兩省分會公文及滇藏支會公文啓程回滇，籌建佛教分會事宜。回到昆明後，虛雲首先與李根源將軍商議。在李根源的介紹下，虛雲又拜謁了滇省都督蔡松坡（鍔）、唐繼堯等有關人士。由於李根源、蔡鍔諸公同為護法，建會之事頗為順利。不久，滇藏佛教支會及滇省佛教分會成立大會，在昆明文昌宮（永曆帝廟）如期召開。雲南省、貴州省僧伽代表，以及遠道而來的西藏活佛喇嘛代表甚眾。同時虛雲和尚請了塵法師在貴州設黔省分會。

滇藏佛教支會及滇省佛教分會成立之初，虛雲擬先在會內舉辦僧學（佛教學校）。時值戒塵法師自大理來省垣，原為發心下三江參學，虛雲便堅留之在佛教學校任教員，同爲教席的還有普常法師等。是年放暑假時，戒塵又辭職赴滬，入月霞法師創辦的華嚴大學。虛雲和尚還擬設布道團、建醫院、處理寺產等，新辦事業，頭緒繁雜，且須多與民政廳等府署接洽。時雲南省民政廳長官羅容軒，因係北京政府內務部杜關之故舊，故對佛教分會有關事宜多有阻礙，遂使諸項事業扞格難行。甚至連大都督蔡松坡將軍出面和解，亦未能圓滿解決。

不久，蔡鍔離職赴京，由唐繼堯接任雲南都督。佛教支會、分會諸公及活佛喇嘛商議，請虛雲再次進京設法解決此事。虛雲和尚一路風塵僕僕的趕到北京之後，正值原與虛雲有舊的中華佛教總會會長熊希齡新任內閣總理。熊希齡總理知道雲南的情況後，便下令調羅容軒入京，改任於佛法素來敬仰的任可澄爲巡按使。事畢，虛雲便立即返滇。任可澄到任後，對滇省佛教事務盡力維持，使佛教分會、支會諸項事業，得以順利圓滿展開和解決。

滇藏佛教支會及省佛分會初具規模，各項事業相繼展開。兩年多的勞作奔波，使虛雲深感身心疲憊。

民國三年初，虛雲將支會、分會會務安頓交代清楚後，就回到闊別數年的雞足山，擬休養一段時日，同時計畫重修雞足山興雲寺、下洋蘿荃寺等。剛剛籌畫畢修建工程，就有鶴慶諸山長老、麗江金山寺正修和尚等陸續來雞足山，請虛雲和尚至彼講經說法。

爲了藉佛教分會成立之機，振興滇省佛法，虛雲不顧身心疲勞，隨即赴鶴慶龍華山、麗江金山寺等處開講《楞嚴經》、《法華經》等。講經畢，又應各地佛教會邀請，以滇藏佛教支會會長的身分往雪山太子洞、維西、中甸、阿敦子各地參觀視察；又應西藏活佛喇嘛之邀，至藏邊參觀喇嘛十三大寺。當虛雲趕回到雞足山時，時曆已翻到了民國四年春節。

※

就在虛雲創辦的滇藏佛教支會，及滇省佛教分會事業日漸興旺的時候，總部設在上海的中華佛教總會，雖然由於會務活動的合法化，使寺產覬覦者的行爲有所收斂，但內部派系之爭及觀點的分歧，卻使佛教總會的矛盾日益突出。甚至一些寺院也不再從經費上支持總會，總會的會務也日見懈弛。

民國三年三月，中華佛教總會第二次全國代表大會召開，會長冶開以年邁函請辭職。大會推清海繼任會長。而同時，北京政府大總統袁世凱的帝制陰謀也逐漸暴露。民國四年，內務部頒布《寺產管理暫行條例》，實際上又擱置了寺院對寺產的處置權。

十月，袁世凱公然發布第六六號總統令，公布《管理寺廟條令》，宣布取消中華佛教總會。自此，中華佛教總會的活動基本中止。此時，無論是佛教徒的教權還是普通國民的民權，都已被妄圖透過稱帝來高度集中獨裁專制的袁世凱剝奪殆盡。十二月十二日，袁世凱宣布接受「推戴」，預定翌年（西元一九一六年）起改元洪憲，準備舉行登基大典。

袁世凱的倒行逆施，遭到了全國人民的反對。原雲南都督蔡鍔祕密離京進入雲南，聯絡都督唐繼堯及國民黨軍人李烈鈞，於民國四年十二月二十五日宣布雲南獨立，組成護國軍，掀起了著名反袁護國運動。蔡鍔的護國軍很快在全國各地激起一股聲勢浩大的反袁潮流。在內外強大壓力下，袁世凱不得不宣布取消帝制。民國五年六月，這個竊國大盜在舉國反對、眾叛親離的窘境中死去。

但此後，段祺瑞控制的北京政府，不僅沒有尊重佛教界的願望，取消《管理寺廟條令》，反而以查得《中華佛教總會登記案》與《管理寺廟條令》互相牴觸爲由，公然命令取消中華佛教總會。從此以後的十幾年內，統一的全國性佛教組織一直沒能建立。但總會下屬的一些比較有力的省、縣的佛教分會組織，仍在繼續開展活動，如虛雲和尚所創建的滇藏佛教支會等。

重建雲棲古刹

自昔日虛雲和尚迎請《龍藏》歸山，重興雞足，匆匆已有六年過去了。在運藏途中，仰光高萬邦居士所贈玉佛，至今仍供於緬甸新街觀音亭。虛雲和尚率眾在雞足山重修興雲寺、下洋蘿荃寺等寺，亦需重塑不少佛像，因此早就尋思將其迎回雞足山供養。民國五年年初，虛雲和尚偕數名弟子同行，第三次遠赴南洋。

緬甸佛教的歷史淵源流長，全國各地遍立佛教聖蹟，國民亦普遍信仰佛教。虛雲昔日經過此地時，均來去匆匆、走馬觀花一般，不及細細留心遊覽。此番再度來到南洋，心情與前幾次迥然不同。虛雲一路經掌達、蠻綿、窩散、臘散等地遊覽觀光。到達仰光後，再次朝拜了仰光大金塔和龍華寺，但見：

仰緬控南海，龍華建梵宮；香飄金塔外，佛現一塵中。
樓閣垂金鎖，橋樑架玉虹；天人交集處，同禮一聲鐘。

虛雲的這首〈題龍華寺〉，生動的展現了仰光佛教文化的盛貌。虛雲在拜訪了高萬邦居士後，又應龍華寺僧之請，在此開講《楞嚴經》結緣。

講經畢，乘船離開仰光。到達新街後，虛雲一行及船中其他乘客，正好遇到西洋官兵的盤查，說是「捉拿匪類」，數百名乘客被一一押至捕房訊問。

原來，這時正值袁世凱在國內復辟帝制，同時極力排除異己，搜捕和鎮壓積極倒袁的孫中山等人組織的中華革命黨人和進步黨人士，而英國等殖民勢力為了其在華利益，也積極支持袁世凱的帝制活動，幫助袁在南洋一帶搜捕異己分子。

審訊之後，只剩下虛雲一行六位僧人，被他們當作革命黨人扣留在押。六人被反縛雙手，遭拳打腳踢，極盡虐待。已整整一天不與飲食，不准大小便。直至晚八點，虛雲昔日皈依弟子、新街盛祥商號老闆洪盛祥等人聞訊後，到捕房交涉，每人付保釋金五千元，並按手印為證後方被釋放。

洪盛祥等人將虛雲和尚一行接到盛祥商號，留住了一段時間，接著幫助安排運送玉佛一事。由於道路崎嶇，只得僱請土人舁之。民國六年春，由觀音亭起運玉佛，歷時月餘，方將玉佛請回雞足山。虛雲和尚重賞僱工之後，將玉佛供養在祝聖寺新建的玉佛殿內，數年的心願總算了卻。

※

民國七年秋，雲南省大都督、聯軍總司令唐繼堯屢屢派員備書來山，以示慰問，並代表滇省官紳庶民，懇請虛雲至省垣主持法事。

事情的緣由是這樣的：自蔡鍔、唐繼堯等組靖國軍、護國軍，出義師討袁北伐，滇、黔、川一帶連年兵火，死傷甚眾。靖、護二役陣亡將士，雖經各主管長官先後具報請恤，然因大局未定，遺骸仍未歸葬，孤魂迄無所依，使聯帥唐繼堯每念及此，深覺歉然。民國七年夏，唐繼堯的老祖母及其老父相繼去逝，使少年時期就曾習誦儒佛經教的唐繼堯，頓悟「諸行無常，是生滅法」之語。

在唐繼堯守喪期間，舊時幕友王竹村居士剛好回滇省親。在探望舊友時，王竹村乘機向唐說起雞足山祝聖寺戒律謹嚴及住持虛雲上人道行高超，不由得令唐繼堯動念。於是發願在昆明建水陸齋醮法會，以追悼陣亡將士，超薦亡親。

虛雲接書後，因不久前在省垣籌建佛教分會，與諸方接洽，不勝其煩，身心疲憊，且雞足山諸寺正在修復之中，不便脫身，因而初不願往。不久，都督府派員偕賓川縣知事一起再度入山延請。卻之不得，虛雲只好答應。

當時由於局勢動蕩，滇省各地軍閥割據，派系頗多，相互之間經常開戰，賓川知縣擬用乘輿接之並派兵護送。虛雲和尚表示謝絕，只偕弟子修圓同行。師徒二人僅攜一笠、一蒲、一鏟、一藤架就步行出發，往昆明而去。

當虛雲師徒行至楚雄一帶，忽遇一夥土匪。他們從虛雲身上搜出唐繼堯致虛雲的親筆書信之後，便將二人扣押，並用刑拷打。

面對土匪的蠻橫無禮，虛雲喝道：「你們不必拷打，我要見你們首領。」

隨即被帶往見匪首楊天福、吳學顯二人。楊天福一見虛雲和尚，劈頭就問：「你是什麼人？」

「雞足山和尚。」

「何名？」

「虛雲。」

「進省城做什麼？」

「做佛事。」

「做佛事爲什麼？」

「爲人民消災祈福。」

楊接著說：「唐繼堯是個匪類，你爲何去幫助他？他是個壞人，你與壞人來往，也是壞人，所以要拷問你。」

虛雲和尚反駁道：「你說唐繼堯是壞人，卻是難說。」

「何以難說？」

「往好處說，人人都是好人；往壞處說，人人都是壞人。」

楊、吳二人見虛雲出言不凡，不覺追問道：「怎麼說？」

虛雲平靜答道：「假使你們與唐繼堯雙方，都是爲國爲民、爲福國福民，乃至你們的部下都是如此，豈不是個個都是好人？從壞處說，你說唐是壞人，而唐繼堯說你們是壞人，各帶成見，勢同水火，以致兵連禍結，受害的卻是國家和人民。如此一來，豈不個個都是壞人？」

一席話，說得楊、吳皆失聲笑了起來。吳學顯接著問：「依你說的不錯，但是怎麼做才算好人呢？」

虛雲回答：「依我說，你們之間不要打了，請你們接受招安。」

吳學顯一聽「招安」一詞，不由得動怒道：「難道叫我們投降嗎？」

「不是這個意思。我所謂招安，乃因你們都是賢才，是招國家之賢才，以安地方也。只要你們莫存私見、安民報國，豈不是好嗎？」

吳問：「如要招安，向何處辦理？」

「可向唐繼堯辦理。」

吳答：「向唐繼堯辦理就不平。他殺了我們許多人，現在還關押著我們許多人。我們正要報復他，卻要我們降他，豈有此理？」

虛雲和尚忙解釋道：「先生勿要誤會。我之所以說要向唐辦理，因他現在是滇省提督，是中央政府委任的官吏，事權握在其手中，故只得如此。他殺了你們許多人，我這次去昆明做佛事，就是要超渡所有陣亡官兵的亡靈。至於被他關押起來的人，我此去一定要請他大赦的。況且，如果你們不聽從我勸解，結果對你們不利。古今戰爭勝負難料，但你們與唐繼堯相比，他有人力有財力補充，有中央力量作後盾，似比你們強。我今日來，路過此地並不是要向你們招安。遇見你們算是有緣。方外之人不惜饒舌，為國息事，為民安樂也。」

楊天福、吳學顯聽罷虛雲所說，覺得句句在理，十分感動，反而欲委託虛雲為其代表前往昆明與唐繼堯談判。虛雲表示答應，並請楊、吳先提出談判條件。楊、吳及其下屬審議再三，提出六條作為招安的前提：

第一，在招安前先放回我們的人；

第二，不得把我們的隊伍解散；

第三，不得將我們的職權取消；

第四，我們的隊伍仍由我們自己管；

第五，過去兩家交戰之事不得追究；

第六，招安後彼此兵丁不得有兩樣待遇。

虛雲覺得這六條要求不算過分，便告訴楊、吳二人：「這些條件料不成問題。待我與唐繼堯商議後，唐一定會派員與你們接洽的。」

二人稱謝不已，隨即準備了一桌豐盛的筵席招待虛雲。虛雲和尚見盡是些葷腥之類，便絲毫未動一箸，待改素席後方肯用餐。是餐，賓主相談甚歡。

翌日早晨，虛雲以事忙，就要辭行。楊天福、吳學顯陪用早餐後，送路費、食物，並備車馬相送。虛雲師徒只接受了一些食物，餘盡謝絕。

二人出營盤半里路，只見前面路邊上有數人跪在地上叩頭如搗蒜，口中連呼：「請菩薩饒恕！」虛雲仔細一看，正是昨日毆打虛雲師徒之兵士，虛雲將他們一一扶起，予以寬慰，並勸其「諸惡莫作，眾善奉行」。數人皆感激涕零而去。

※

虛雲師徒趕到省會昆明後，由唐繼堯派專員接至圓通寺住下。是日晚，唐繼堯親自來寺接見。幾年不見，唐繼堯顯得蒼老了許多。

唐告訴虛雲和尚：「與法師相別數年。我祖母、家父、內室及舍弟相繼謝世，內心實難平靜。更兼近年來滇省及西南一帶土匪遍地，民不聊生，陣亡將士，孤魂未餒，更覺人生無常。因此發願做三件事；一、做一場大佛事，求佛加被，消災免難，超薦亡靈；二、將圓通寺建成十方叢林，弘揚佛法；三、辦一完善之大學，以教育青年。這第三件事，我自有人去辦理，但第一、第二件，非老法師無人能勝任也。」

虛雲聽罷，略作思索，便答道：「唐公發願弘法，斯世希有，是菩薩發心，衲知識淺薄，無此能力。但建叢林一事，因圓通寺位於城中，住不過百眾，非十方叢林之地。請再考慮。至於做佛事，日期不多，可代效勞。」

唐繼堯道：「師言圓通寺不合叢林，甚爲高見，以後再說。做佛事該如何辦法？」

虛雲曰：「心佛一體，感應道交。公辦此事，爲國爲民，幽明普利。依衲愚見，於佛事之先，請唐公定下三事：一、水陸道場起經之日，昆明全城禁屠；二、大赦牢獄，釋放一切在押囚犯；三、賑濟難民。望能照辦。」

唐繼堯略有難色說：「一、三件事可照辦。至於第二件。因係中央司法主權，唐某不能自作主張。」

這時，虛雲方將來時途中遇楊天福、吳學顯之經過詳敘與唐繼堯，並說：「今國家多事，中央已不能顧及，只與司李商之，便能做到大赦，藉此將在押的楊天福、吳學顯之部下放出，易於感化並招安之。」

唐繼堯聽了虛雲的分析及建議後，當下大喜，立即一面派人斟酌辦理大赦及招安楊、吳部有關事宜，一面由聯軍司令部開出訓令，令由昆明縣知事魏錕會同雞足山祝聖寺方丈虛雲大和尙，籌辦法會一切事宜。

虛雲等擬定地點於昆明忠烈祠，定期起經，法會場內一切塔蓋、牌坊、棚子應需之木料及匠役，悉由昆明縣署經辦。

時近年關，適有歐陽竟無（漸）居士及弟子呂秋逸（澂）居士應唐繼堯之邀來昆明講經，與虛雲等同住在圓通寺。歐陽漸係楊文會居士之弟子，自從繼承了乃師所創辦的金陵刻經處以來，便不問外事，全力主持編校工作。民國七年，他首先在金陵刻經處附設的佛學研究部的基礎上，籌辦支那內學院，獲得章太炎、梁啓超、沈曾植、陳三立等著名人士及呂澂、王恩洋等的大力支持。此次偕弟子呂澂來昆明，同時爲籌措辦院經費而來。歐陽隨即在圓通寺開講《攝大乘論》，並協助虛雲和尙籌建水陸道場。

民國八年春，由虛雲大和尙主壇，昆明十方水陸超薦法會在忠烈祠啓建。法會開始之日，即由聯軍司令部下令大赦，並全城禁屠，賑濟饑民。道場各堂蠟燭同時盡開燈花如蓮花狀，霞彩奪目。昆明及滇省各地善信聚觀者絡繹不絕。法會期間，唐繼堯即派員與楚雄楊天福、吳學顯接洽協商招安一事。結果，同意楊、吳所列之六條件，並委任二人為大隊長，協助維護地方治安。楊、吳之部下亦各有封賞，皆大歡喜。

至七七四十九日，法會圓滿結束之後，唐繼堯又親自將虛雲和尚請至唐公館誦經，為超渡其亡親，唐公闔府皈依佛門。

次年春，唐繼堯再請虛雲和尚主壇，在昆明忠烈祠啓建水陸法會，一如舊式，萬眾大生信心。法會結束後，即應請，與歐陽漸、呂澂等繼續在昆明講經。

一日，江蘇高鶴年居士及靜修法師雲遊參訪至滇，到昆明後即寓於忠烈祠。虛雲得知故友前來，十分欣喜，立即前往探視。

此後數日，虛雲和尚與王竹村、張拙仙居士及在昆明的歐陽竟無、呂秋逸等相繼來與之暢談。眾皆謂今非昔比，好道者稀，若要挽回世道人心，非積極提倡道德不可。而高鶴年居士以在家居士行腳四方參訪，實屬不易，令虛雲十分敬重。

接著虛雲和尚又親自陪同高鶴年遊覽圓通寺、詢南寺諸剎。不久，高居士就要辭行，虛雲和尚堅留不允，並將高居士之衣單川資密藏。然高居士心意已決，乘虛雲靜坐時，不告而別，向雞足山方向而去。虛雲得知後，歡歎不已。

※

虛雲和尚在昆明講經弘法期間，多次出城遊覽巡禮。在距城西三十餘里的西山

（又稱碧雞山），有一古剎曰華亭寺，引起了虛雲極大關注。

這碧雞山，傳說因昔年阿育王二太子至此，見碧鳳一群，乃居此修煉成道，號碧雞神，山以是名。元代有玄峰玄通和尚得法於西天目中峰禪師，來此開山，募建華亭寺，至明天啓年間楚僧相成感沐國公黎護法，敕賜圓覺寺。歷元明清，繼主華亭寺者皆高僧，精修苦行。古寺背山臨海，風景極佳；左枕太華峰，右帶碧雞玉案之岫，前俯昆明池，東望虹山，諸峰如屏，雲棲霧繞，萬木蕭森，雙塔掩映，其秀美殆難名狀。

然而，遺憾的是，自清咸豐、同治以降，佛法漸衰，華亭寺僧不能住持，日益荒廢。今僅有僧數人，寺產（田地山場）被豪劣侵占殆盡，去年（民國八年），寺僧聖緣等欲將剩餘寺產賣與僑民，擬改建為俱樂部，且已經地方當局批准。

昔日古剎，轉眼之間就要化作外人之遊樂場，此情此景，令虛雲不由得扼腕痛心。一日，唐繼堯都督來寺探訪。虛雲即將華亭一事訴之，並請唐公出面保存名勝，護持佛法。唐繼堯當即表示答應贖回古寺。

回府以來，唐繼堯就約來王九齡、張拙仙居士商議，擬乘機邀請虛雲法師住持華亭寺，改建為十方叢林。恐虛雲不肯，乃議定設齋宴敬邀。

虛雲接到邀請赴席後，席間，唐與王九齡、張拙仙居士等共議道：「西山華亭寺係滇省古剎，又為省會昆明至雞足山必經之處，若改建為十方叢林，可資聯修。」然後唐繼堯袖出一請帖，代表昆明士紳及信眾，堅請虛雲和尚住持該寺並重興之。虛雲初時不允，經唐公等再三懇請，轉而尋思；一者雞足山募修工程大體告竣，二者若再卻之，恐有負昆明四眾一片誠意，方肯接受請帖。唐公等大喜過望。

虛雲入西山住持華亭寺後，第一件事就是將寺名易為「靖國雲棲禪寺」。此固以該山常現五色彩雲而得名，然亦具存深意；蓋欲引導滇中緇素遠紹中峰禪師如幻雲之禪法，而近以弘杭州雲棲之蓮池大師淨土之教也。虛雲以徒修圓為監院，自性、自悟等弟子及外出參學數年歸來的雞足山僧具行禪人，亦至雲棲寺助虛雲共建雲棲。

由於碧雞山山形甚佳，但殿門方向不當；門前正支平岡又為諸祖塔墓，豐碑林立，頗不雅觀又失大體，虛雲以為此乃是本寺倏興倏廢、法道凋零之大因也。因此擬先培修山形以改向，認靠山為本，遷祖塔於寺東，移天王殿向前，其餘殿堂陸續更動，門外鑿放生池，池外置七佛塔，略仿天童寺之則。此為虛雲和尚入山後之初步辦法。

籌畫畢，便逐日親自督促修建，慘澹經營。而原華亭寺常住子孫，不聞三學，習染惡俗，致使鐘魚絕響、道風頹敗，乃至刁佃流棍，盤據山林，此為西山佛法衰敗之主觀原因。因而虛雲和尚在修殿建宇的同時，決定由開壇演戒來振整雲棲僧規，親自撰擬並發布〈滇垣西山靖國雲棲禪寺傳戒啓〉，定於辛酉年（民國十年）起，仿雞足山祝聖寺舊約，遵奉律制，每逢春季開壇傳戒。第一次傳戒後，虛雲和尚還約請聯軍總司令唐繼堯、雲南省長周鐘岳及名流陳因叟等爲撰《雲棲禪寺同戒錄序》，以期重振西山佛法。

同年秋天，滇軍將領、原唐繼堯部下，時任川滇邊防督辦、靖國軍第一軍軍長顧品珍率部倒戈謀反，欲奪取滇省政權。當時唐繼堯手中尚有勁旅二十餘個團，雙方箭拔弩張，擬開戰事。戰前，出於對虛雲和尚的敬信，一日深夜，唐督率衛兵至雲棲寺，摒去左右，坦露心事，求教於虛雲和尚，預決將來大計。

虛雲和尚自然不贊成用武力解決，說：「唐公得滇之民心，但未盡得將士心。倘事兵戈，恐成兩敗俱傷之勢，他種勢力必將乘虛入主滇省。與其這樣，還不如因勢利導，去虛名而存實力，以俟異日之緣。」唐深以爲然。

不久，唐繼堯就假稱讓位於顧，以顧品珍爲滇省督軍、省長兼滇軍總司令，自己則於農曆臘月三十日夜離開昆明，經安南（今越南），轉道香港去了。此段經歷，鮮爲世人所知。在虛雲《自述年譜》中亦未見載，只是在其晚年弟子侍座時談及此事。

設想如無慈悲為懷，救民於水火，憑藉唐繼堯當時之實力，一場血戰，在所難免。

說來也怪，自從顧品珍接任滇督後不久，昆明一帶就遇天災不斷。先是連緜春雨，數月不止，致使城中大街小巷都已積水，甚至可以行舟。一直到八月雨止後，又連續乾旱數月，直至是年冬月，實數十年未遇之天災；河床之中已然揚起灰塵。全省有數千人死於水旱之災及由水旱所致的瘟疫之中。遭此凶年，滇省士民皆不由得思念唐繼堯督滇時之舊德來。而諸般事業亦無法進行，虛雲和尚重興雲棲一事也得暫緩下來。直到民國十一年起，雲棲寺興建方大規模展開。

虛雲和尚在督修佛殿時，在原殿中土內掘出一塊古碑殘石，首行大字「雲棲寺住持隆章見性，仁山重修常住碑記」十餘字依稀可辨，其餘皆模糊不清。蓋已年久湮滅矣。今虛雲和尚將寺易名「雲棲」，無心合古，實乃天意也！

此番修建，工程浩繁，所需款亦甚鉅，除先都督唐繼堯、省長周鐘岳等撥款及借貸外，昆明士紳善信亦助力良多。太史陳筱甫將自家花園送與農林學校，換回被其占用多年的碧雞山勝因寺原址，改建為雲棲寺下院，又新建殿堂寮多所。積數年之功，原西山已失山場林木，大都贖回；又修太華寺、松隱寺，山下新建招提寺等，作為雲棲寺別院。

由於寺屬山林田場範圍甚廣，叢林過密，虛雲和尚便令寺僧與當地村民，指定區域共同採伐，各得其半。此舉亦深得民心歡喜。至若村民與駐地軍兵有糾紛時，虛雲也常爲之赴軍部商議解決；許多難民避亂來寺，亦允其同食同住。此後，遠近村民對虛雲和尚及寺常住十分敬信，共同維護寺廟，皆出至誠也。民國十二年，寺東後山新建七眾海會塔峻工，原寺前諸祖靈骨普請入塔。塔額書「海會塔」三大字，取蓮池海會之義，原於殿中掘得「雲棲寺」字碑，亦嵌於塔壁上。

重建雲棲寺，始於民國九年，經時十載的艱苦勞作，方大體完畢。計重建大殿一院，兩序僧寮數百餘間，天王殿一所，客堂兩院，千二百五十人海會塔一座，填石墊數百畝闢爲放生池，其他禪堂、念佛堂等皆已略具，規模幾與祝聖寺等同。尚需增修藏經樓、大悲閣，並擬裝塑聖像五百餘尊。由滇省水利局長張璞（拙仙）居士爲撰的〈重建碧雞山華亭峰靖國雲棲禪寺碑記〉一文，由雲棲寺兩序大眾立石植於殿前。

自虛雲住持雲棲寺以後，雖修建工程浩繁，但每年皆傳戒講經坐香。不輟課誦及修持，致使雲棲道風名傳遐邇。十年之間，度眾數萬。民國十三年春戒期，虛雲見具行禪人不辭辛勞爲眾作務，且密行難得，即請爲尊證師。

比丘戒剛過，具行即告假往雲棲寺下院。五月二日午參後，往勝因寺大殿後曬坪內，自取禾桿數把，身披架裟趺坐，左手執引磬，右手敲木魚，面西念佛，引火自化。下院諸師見煙起尋至具行焚身處，只見具行禪師端坐於火灰上，巍然不動，衣物如故，惟木魚磬柄成炭，異香遠聞。時虛雲和尚因戒事脫身不得，即請時任滇省財政廳長的王竹村居士及張璞居士代為料理後事。

張、王見此奇蹟，告之省長唐繼堯（民國十一年四月，原唐繼堯舊部在昆明策動嘩（政）變，顧品珍被殺。眾議將唐公繼堯迎回滇任都督）。唐即率全家前來觀看。眾人近具行身前取引磬，忽爾全身倒下成一堆骨灰，眾人無不感動。唐繼堯當即提議由政府為辦追悼會。三日內，瞻禮者有數萬人。虛雲和尚親為撰文〈具行禪人行業自化記〉以誌紀念。是年春戒畢，監院修圓法師及王竹村居士因感於雲棲千花遍開，人天增喜，於是發心建千僧大會，並募製衣袍，以供來眾。從茲，雲棲求戒者日眾，為滇中希有，亦乃雲棲興盛之徵兆也。

唐繼堯回雲南後，亦曾多次詣雲棲寺，請虛雲和尚主壇祈雨消災。然而滇省政府內部依然矛盾重重，危機四伏。民國十六年二月六日，以龍雲為首的四個鎮守使，迫使唐繼堯改組省政府，聲明雲南隸屬於已遷武漢的國民政府。省政府採用委員制，唐繼堯成為有名無實的省委員會總裁。不久又被龍雲、胡若愚威逼去職。唐繼堯退隱後，便一直留住在西山雲棲寺中，直到去逝。

第八章 兼祧禪門・重建南華治典籍

左支右絀，辛苦撐持，委曲求全，濟變禦侮，其困苦艱難，有不堪殫述者」矣！以十事敘其經過：「一、更改河流，以避凶煞；二、更正山向，以成主體；三、培山主以免座空及築高左右護山以成大場局；四、新建殿堂，以式莊嚴；五、驅逐流棍，革除積弊；六、清丈界址，以保古蹟；七、增置產業，以維常住；八、守戒律以挽頹風；九、創禪堂、安僧眾以續慧命；十、傳戒法、立學校以培育人才。

續法鼓山

虛雲

在中國近現代史上，自清末至國民政府遷都南京（民國十七年）的那段歷史，是中國社會局勢最爲動蕩不安的時期，也是國內經濟秩序最混亂的時期。就貨幣金融方面而言，民國三年北京政府頒布《國幣條例》，規定以銀元爲本位，中國貨幣從理論上得到統一。但由於長期形成的銀兩制度繼續存在，且各省軍閥割據的局面，使清末以來各省紙幣（兌換券或鈔票）氾濫的情況有增無減。特別是兩廣、雲南、四川及東北仍然濫發紙幣，使其價格不斷下跌，禍害人民不淺。在雲南，自民國十六年省政府改委員制以後，逐漸推廣中央銀行鈔票，致使原來發行的滇幣（紙幣）受到很大影響！

虛雲和尚爲重建雲棲寺，原來所募之款皆爲滇省發行的紙幣。民國十七年，虛雲與雲棲寺兩序大眾，正擬裝塑五百羅漢像及增修藏經樓、大悲閣，並準備建學校，以培養僧伽人才，興辦實業，以安僧眾：忽有國民政府財經會議召開，《中央銀行法》頒布實行，國內金融形勢驟變，而滇幣匯率頓時銳減；滇幣七、八元始值外幣一元。

而雲棲寺所僱請之寧波匠工（塑聖像），所付酬金皆以上海通用貨幣為準，如此一來，原來所籌備之款十只值一，坐困窮山。倉卒之間，無以應付，而滇省施主善信亦救濟乏術。

這年端午節，虛雲和尚召集全山僧眾商議對策。眾皆以為除外出募緣，別無良策可圖，且非由虛雲和尚親自出山不可。

雖然虛雲和尚已年近九旬，然而壯志未酬，眾志未申，責在難免，心不容己，決定親自外出募化。為安頓好自己走後雲棲及雞足山祝聖寺寺務，一方面，虛雲命監院修圓親往蘇州靈巖山請戒塵法師回滇護持。時戒塵法師在靈巖閉關研究淨宗，聞修圓來請，便出關將靈巖交妙眞法師住持，八月與修圓來昆明，在雲棲寺講經弘法。不久，便在昆明建淨業蓮社，篤志淨宗。另方面，在虛雲和尚諸弟子中，以安定法師較為賢明能幹，乃請其在自己外出期間，代理方丈之職，以負責雲棲、祝聖兩寺之務。

在安頓好寺內一切之後，民國十七年七月四日，虛雲和尚偕王九齡（寬視）居士同行，離開昆明，外出募緣。

虛雲和尚及王九齡經廣東到達香港後，就應請在香港堅道佛學會講經傳戒。此為虛雲和尚首次赴港弘法。此後老和尚多次來港開示，爲近代禪宗在香港的普及、傳播奠定了基礎。在虛雲離滇時，滇省財政廳長王竹村居士及殷太和居士，亦分別給當時任廣東省政府主席的舊友陳銘樞先生去函，盼陳能予以接待虛雲和尚，並助成其募緣之事。陳銘樞字眞如，著名的民主人士，曾在南京支那內學院習佛法。

殷太和、王竹村在信中還言及虛雲和尚自出家至入滇，弘法後種種苦行經歷及不可思議之事蹟，令陳銘樞惻然心動，渴望一晤。陳銘樞居士便立即派員至香港，將虛雲和尚接至廣州，在頤養院住下。第二天便親往謁見。陳眞如目睹虛雲和尚威儀清癯，道行精純，益加欽佩。得知虛雲和尚弘願，當即表示樂予贊助並促成其事。

隨後，陳銘樞還親自陪同老和尚遊覽白雲山之能仁寺，爲撰〈募建雲南雲棲寺緣起〉一文。請虛雲和尚在頤養院講經開示，慕名來聽者甚眾。陳還曾懇請虛雲和尚當留粵住持荒廢已久的六祖道場——曹溪南華寺。虛雲亦久有復興六祖道場之願，但以滇省因緣不得不婉言謝絕。

※

虛雲和尚在廣州講經的消息傳到福建省後，時值閩籍人國民政府主席林森、海軍部長兼閩省政府主席楊幼京（樹莊）、閩前主席方聲濤歸里，思量整頓福州鼓山。楊、方多次來電至廣州，以鼓山寺急待整理，而方丈達公和尚體弱年邁，懇請虛雲和尙回鼓山相助；接著又派員到廣州去迎接老和尙，但虛雲和尙均以雲棲募化事謝絕眾請。虛雲在廣州講經畢，就擬往上海募化。

辭別陳銘樞等人後，隻身離開廣州（王寬禪居士已回滇）北上。途經廈門時，轉道至鼓山，乘隙拜掃妙蓮恩師之墓塔。應鼓山僧眾挽留，遂在鼓山湧泉寺講經數日後，堅辭北行。朝禮寧波阿育王寺後便渡海，應佛頂山文質和尙請朝普陀。旋即由文質和尙親自陪同乘船至滬上。

虛雲一行到達上海後，受到西方雲遊參訪歸來、在上海江蘇一帶籌款糧辦賑災的舊友高鶴年居士等熱情接待，安排寓香山庵龍光寺。高居士還爲虛雲等介紹認識了上海佛教界諸名流；致力於佛教慈善事業的上海工商界聞人王一亭居士；曾將私人花園捐作上海佛教居士林道場（覺園）的南洋華僑巨子簡照南、簡玉階昆仲；最早在中國創辦佛教刊物《佛學叢報》（民國元年），並致力於佛經刻印的狄楚青（平子）居士等，相與高談佛法，直指當人之心。

虛雲並應請在此講經。時高居士爲道數十載，遊訪名山，參尋善知識，所著遊記曾在民國元年至民國二年間發行的《佛學叢報》上首尾略載，而其積稿未刊者居大半，信眾有如嚶求之切。虛雲和尙及王一亭、許止淨、聶雲台、狄楚青、簡玉階諸居士，勸老居士集稿彙編成一冊，出版流通。在眾人懇勸下，《名山遊訪記》很快付印出版。虛雲和尚乃爲撰〈名山遊訪記序〉，敘述了與高鶴年居士的禪緣，高標其道行，向世人推崇該書。該書自出版後，曾多次重印，深受到廣大讀者青睞，在海內外佛教信徒中產生了很大影響。

民國十七年冬，福州鼓山湧泉寺達公和尚圓寂。隨即鼓山首座二人及閩省主席代表共赴上海商諸虛雲和尚，促請虛雲回山住持，復興湧泉寺。在閩省代表及滬上眾居士再四相勸下，民國十八年正月，虛雲和文質上人返歸鼓山。

在料理完達公和尚後事後，鼓山兩序數百僧眾俱來懇請虛雲留住鼓山，接任住持，並謂重振鼓山，興利除弊，弘隆正法，非虛雲和尚不能當此任也。而時閩主席楊幼京、前主席方聲濤亦率閩省官紳親至鼓山，敦請虛雲主持鼓山。

虛雲自弱冠落髮此山，圓具於此，後即行腳四方。如今山中之事亦歷經滄桑，尤以妙蓮老和尚圓寂後，鼓山湧泉寺作爲名聞中外的十方叢林，道風漸衰，規則鬆弛。目睹此景，虛雲不由得悲憫慨歎。緬懷祖德，重興鼓山，誼屬難辭。在鼓山眾僧一致催促和擁戴下，復經福建各界官紳正式委任，虛雲和尚遂繼任鼓山住持。

按虛雲和尚接任鼓山住持，另有一節因緣：其恩師妙蓮老和尚生前屢次囑咐虛雲回鼓山一唔，即欲以鼓山法脈相託也。鼓山自明代以來，臨濟、曹洞並傳，妙蓮以兩宗正脈付之虛雲，由臨濟至虛雲和尚是四十三代，由曹洞傳至虛雲是四十七代。

虛雲住持鼓山之初，就屢接滇省雞足山祝聖寺及昆明雲棲寺諸長老來函，並派代表至閩鼓山，敦促虛雲和尚儘快回滇。但虛雲初至鼓山，頭緒繁多，不得片刻餘暇。至一年後，鼓山諸事整理略具規模，方於民國十九年秋，偕文質和尚同行返滇。

※

回滇後，二寺僧眾及滇省官紳士庶得知虛雲和尚欲離滇往閩建鼓山，執意挽留。然虛雲已決意重興鼓山，難以改變。老和尚見安定法師代理住持二寺期間，賢明能幹，堪任住持，遂決定以安定法師嗣法繼任兩寺住持。臨行前，爲使新任住持不負眾望，盡責盡力，律身進道，乃將全寺大觀、契約銀兩什物器皿等項，交點列簿，並於日用事項略設條例，名爲「萬年簿」，以期大家永久遵守，以光揚祖道。

虛雲和尚還請文質和尚暫留雲棲，助新寺主傳戒。滇省仍有戒塵法師、自蓮法師、寬信法師等，修圓、自悟、自性諸弟子，及張拙仙、周星甫、袁樹玉、李儀廷居士等護法襄助護持兩寺，虛雲始放心離滇。回閩啓程之日，滇省士紳民眾咸來爲虛雲和尚設桌餞行，香花夾道，綿延數十里。面對滇省善信的盛情，虛雲和尚心中歉然。

付缽有心，但分身無術，未能兼顧，實屬無奈，惟於心中默禱佛祖，佑我民眾，永保一方平安！

此後虛雲雖身在他鄉，然於滇省佛事未能片刻釋懷。民國二十四年，雲棲寺為裝塑五百羅漢像成，開羅漢戒法，安定方丈親往閩謁虛雲和尚，具道戒會籌備因緣與四眾屬望之意，請師回滇。然虛雲適有南華之行，未能克期，乃為撰《雲棲第十四次羅漢戒期序》，以志贊化。

俗語云：「無規矩則不成方圓。」鼓山湧泉寺乃十方叢林，古剎名揚中外，自古以來為法門龍象聚集之地。若無規章，則何以表率？虛雲和尚到鼓山上任後，就針對鼓山習染濃厚、經懺事繁瑣，首先整頓規則，以此來改革舊習，除舊布新。重新制訂《鼓山湧泉寺規則》，於祖師遺戒之外，輔訂條章如下：

第一，長期以來，鼓山香客眾多。受戒後即為名字比丘；捐金若干，即可尊為首座，坐享尊榮，次者可為知客。遂致名列首座者百餘人，而知客僧亦八、九十人，這是中外叢林所罕見的。虛雲和尚規定；原百餘台首座一律除消，而知客僧，僅定為八人。

第二，鼓山以前傳戒只有八天，且只有比丘、優婆塞進堂，無女眾。各處遠近求戒者寄一元錢與傳戒師，即可給牒。在家人搭七衣，稱比丘、比丘尼，名「寄戒」。虛雲規定取消這些寄戒不剃髮搭衣等非法風氣，依雞足山律，戒期一律定爲五十三天，並刊行《三壇傳戒正範》，在寺內流通。

第三，鼓山湧泉寺禮堂原每日只坐三枝香。虛雲和尚依金山寺法式，增爲每日十四枝，還禮請鎮江金山寺霞後堂爲鼓山首座兼主持禪堂。

第四，舊時寺中舉行經懺法事時，每每在殿中紮建高台，望之頗爲壯觀；又在奏梵音時雜以俗樂，以取悅白衣及緇衲。虛雲和尚以爲，佛殿建台，有違法制，而俗樂非古亂聲，悉予以革禁取消。

然而鼓山積習既久，改革何其艱難！如虛雲規定將戒期由八天改爲五十三天，並廢除寄戒制，很多人不願意，甚至反對，百般阻撓，甚至有以殺人放火相威脅的。但虛雲並不就此卻步，堅持以格戒律爲變革之要。在拆除了佛殿內搭建的高台後，世俗齋主也以爲如此一來不熱鬧了，便紛紛離去，眾僧也多不悅。

惟有虛雲法師不以爲然，對眾僧道：「從今而後，（湧泉寺）乃可稱得上清靜佛土矣！」

要從根本上整頓門風，重肅僧規，關鍵在於具有新式思想的僧伽人才。虛雲和尚深深感到，加強僧伽教育乃是整頓鼓山的當務之急。因此虛雲經過一段時間的籌畫和準備，於民國十八年下半年創辦了鼓山佛學院，先是聘請太虛法師之高徒大醒法師爲院長。此前大醒曾編印《現代僧伽月刊》，以主張改革、反對守舊而聞名。虛雲和尚迎納大醒，足以表明其改革鼓山舊習的思想方向和決心。

爲進一步整肅戒律，民國二十年，虛雲和尚又邀請隨侍月霞法師多年的慈舟法師，由蘇州靈巖山入閩，來鼓山佛學院主持院務。慈舟法師在學養上深究律學，戒律精嚴而又歸於淨土，曾助了塵、戒塵兩法師在漢口九蓮寺辦華嚴大學；受聘在杭州靈隱寺辦明教學院，在常熟福興寺辦法界學院，因此深受虛雲老和尚敬重。

慈舟到任後，將鼓山佛學院更名爲法界學院，兼弘華嚴與律學，並親自登壇開講八十卷本《華嚴經》達三年之久。繼之，慈舟法師又在福州法海寺主辦法界學院，後又應請住持北京淨蓮寺，因而他又將法界學院由福州移至北京招生開辦。法界學院學僧眾多，慈舟法師常常親自授課。課餘對學僧督導甚嚴，一切依律，不得寬暇，從而對鼓山習氣之轉變，起了積極重要的影響。

※

民國二十三年春，虛雲老和尚還延請有「華嚴座主」之稱、治開老禪師的受記弟子應慈法師來鼓山傳戒，開講《梵網經》。應慈法師素行皎潔，以古自律，一生抱定師兄月霞法師的教示，一不做寺院當家（監院），二不做寺院方丈，三不做經懺佛事。對授徒傳戒之事，尤爲慎重。此番來鼓山開壇傳戒，爲其一生中僅有的四次傳戒（另三次爲安徽蕪湖、浙江天童、江蘇無錫）之一。應慈與慈舟二位法師，均曾在月霞法師所創辦的華嚴大學任教，慈舟於修持上歸於淨，應慈則歸於禪。

虛雲和尚聘請大醒、慈舟、應慈諸法師來鼓山辦僧伽教育，這些舉措充分表明：虛雲雖爲禪門一代宗匠，但佛學思想上兼攝經教，平等對待禪、淨、律、台（注：天台宗簡稱）、華嚴諸宗，可謂深得南禪之眞諦，同時也順應了中國近代佛教復興中、各宗之間相互融合的時代思潮。

鼓山湧泉寺爲海內名剎，尤自北宋眞宗時賜額「湧泉禪院」以來，所藏經版極多，且多爲海內外稀有。如宋蘇東坡爲金山寺所寫的《楞嚴經》，無一懈筆，爲東坡一生之傑作。北宋藏之金山寺，鼓山得其初拓本，並募精工鑄之棗梨，與金山本難辨；元延祐年間（西元一三一四～一三二一年）福建省嗣教陳覺琳刻《大般若經》、《大寶積經》、《大涅槃經》（宋哲經版）數百卷，相沿置藏於湧泉寺法堂。因清以來鼓山四賜《龍藏》，故此刻本久置架中，無人披讀，亦莫知其全缺；其餘明代所槧各經也十分豐富。但這些經版皆積於經場敗架之中已久，亟待整理及修補，俾以冀存聖教、續慧命，昭示未來。時有弟子明一觀本法師入山，乃助虛雲老和尚玉成此事。

觀本法師俗名張壽波，廣東香山人，富家子弟出身。少年及第，籍甚聲華。後來東渡日本，追求維新。壯年後始知出世事，乃深研佛典。民國六年，張壽波以其在澳門的豐裕家產辦澳門功德林，並延請上海靈山寺朝林老和尚南來主持其事。民國十九年，因母棄養，遂赴鼓山依虛雲和尚受具，法名明一，號觀本，時年六十六歲。

虛雲和尚見明一觀本學養有素，即囑之協助整理《鼓山藏經板目錄》、《鼓山宗圖》、《湧泉寺志》等事。

觀本法師乃依虛雲和尚所定之法式，清釐重記《藏經板目錄》，依補亡之例修復古經板，缺者補之；立整理之條，加丹黃標籤，分簡冊之部居，考釋撰者之人名，紀鋟梓之年代，循而考之。經整整一個夏季的考訂整理，於民國二十一年秋編就《鼓山湧泉禪寺經板目錄》一卷。除清康熙年間為霖和尚住持鼓山時鼓山永通齋《流通法寶畫》一經目，刊行迄今逾二百年，幣價相懸，奚翅天淵，各籍價目，尚待改訂，故缺而不錄，餘皆依例編入。

虛雲和尚為撰〈鼓山湧泉禪寺經板目錄序〉，期望藉此舉「冀禪講四眾，宗通說通，追縱古人得髓之眞傳，勿忘先德嘉惠之至意」云爾。

接著，觀本法師又蒐檢出元刻《大般若經》、《大寶積經》、《大涅槃經》三經，共計殘缺四十餘卷。觀本與知客清福法師、首座慈舟法師、西堂寶山法師等發心裝潢補抄，足其卷數，《大般若經》六百卷，《大寶積經》一百二十卷，《大涅槃經》四十卷，數月後即全部完工，使三古經煥然復新。虛雲亦親爲古經題寫〈修補古經跋言〉，述其原委，似垂訓未來。

後來滬上朱慶瀾（子橋）居士、葉恭綽居士及狄葆賢、蔣維喬、丁福保、釋範成等，共同成立影印宋版藏經會，影印藏於西安市開元、臥龍兩寺的南宋《磧砂藏》孤本。其所殘缺者乃派員至福州鼓山，以鼓山湧泉寺所藏之元刻三古經及其他宋元善本藏經補足之。民國二十四年影印出五百部，由上海佛學書局發行流通，乃得成其偉業。《磧砂藏》的發現及影印，是中國近代佛教界及學術界一件盛事，因而轟動一時。偉業既成，虛雲老和尚又親爲撰〈影印宋磧砂版大藏經序〉，以志贊化。

由於鼓山自明代以來爲禪門臨濟、曹洞傳法之地，高僧輩出，且多有傳記及道影遺世。然而鼓山晚代祖師傳記，卻多爲中藏本所無，據云日本《大正續藏》有之。爲撰《鼓山宗譜》，虛雲和尚令觀本法師赴滬尋訪。

觀本抵滬後，晤老和尚皈依弟子岑學呂及葉恭綽居士。恰值葉居士剛剛收到日本寄來《大正續藏》千卷，計十餘箱，尚未啓封。葉居士聞知虛雲和尚急需，乃舉以贈之。觀本法師據以撰成《鼓山宗譜》，並增補鼓山晚近各祖師傳記。觀本還依虛雲和尚口述其事蹟及其弟子見聞所及，撰成《虛雲法師紀略》一併刊印流通。明永覺禪師主法鼓山時曾刊《列祖道影》，繼之嗣法爲霖大師增補刊出，並加題記，庋於藏經殿。

虛雲和尚住持鼓山後，獲睹該冊，乃將之與蘇州瑪瑙經房刊行之《佛祖道影》相校考，復於爲霖大師之後二百餘年列祖列宗遍爲蒐集，凡受正法眼藏與夫弘法利生者，悉求其眞影，加以摹出。經由函致諸山徵詢及於典籍及私家記載之中稽集，數年來計徵得諸祖道影近百餘幀。

虛雲和尚遂一一爲之系以傳讚，依世次編入先前所訂之《佛祖道影》中，共得四百餘幀，精繪題讚，名之曰《增訂佛祖道影》四卷，另刊新版於鼓山流通。在增訂《佛祖道影》的同時，虛雲和尚又檢視出鼓山先祖所輯之《聯芳集》一卷，取《鼓山志．沙門志》與之參證，復以別集一一正之，將鼓山歷代住持及來賢法名字，依順序輯爲《增訂鼓山列祖聯芳集》，以免失傳尋源，庶已曹源一滴之源，皆瞭然可指也。

虛雲和尚在編纂鼓山列祖像傳的同時，還對禪門五家祖嗣流派，上溯淵源，下次統緒，彙爲一編，名爲《星燈集》。其寓意爲，凡蒙慈尊度生之恩育者，如眾星之彌布，羅列有序，如明燈之傳照，而燈焰無盡也，故名「星燈」。越數年，復將晚近以來增進子嗣按代編入，名曰《校正星燈集》，刊行於世。

數年來的整理之功（其中多爲虛雲和尚親自參與其事），使虛雲豐富的經版文物得以保存，且考勘正誤，除舊布新。經此番整理，不僅使鼓山史志燦然而列，而禪門五家法脈亦得以統然有緒，實乃中國近代禪宗復興的一重要方面。時至今日，馳名海內外的鼓山湧泉寺藏經，仍吸引著無數中外佛教徒及學者前來研讀。

※

民國十九年，即虛雲和尚住持鼓山一年後，諸事整頓漸次展開。春戒期，虛雲和尚正在爲眾開講《梵網經》時，方丈室外丹墀上舊有二株、相傳爲閩王及聖箭祖師手植的唐代鳳尾鐵樹，忽然開滿鮮花，繁盛無比。鳳尾鐵樹爲植物中最難長、最耐久者，每年長一、二葉片，相傳千年始花。今二樹尋丈，於戒期中忽然開花，實天降瑞應，引得遠近慕名來觀者絡繹不絕。

應邀來閩爲春戒羯磨師的文質和尚，遂邀虛雲和尚在花前留影，以志湧泉瑞應，並爲文記之。虛雲和尚亦賦詩以頌之：

優曇缽羅非凡品，隨佛示應現金花；
世間彩鳳稱祥瑞，現則吉祥喜可嘉。

虛雲

茲山丈室兩鐵樹，人言此卉向無葩；
定是主林神擁護，故將仁壽放流霞。

虛雲和尚住持鼓山的數年，正是國內——特別是福建省——局勢動蕩不安的年代。民國二十年，日本侵略者發動「九一八事變」，東北全境淪陷，同時國內人心思動。民國二十二年十一月，蔡廷鍇率國民革命軍第十九路軍在閩舉事，宣布福建獨立，與李濟深、陳銘樞等人在福建建立中華共和國人民革命政府。此時全省各寺廟宣布停止留單，唯獨鼓山仍留海單，於是湧泉寺僧人雲集，至少有一千五、六百之眾，齋糧事極其困難；有時竟連一粥一飯都難以爲繼。然而虛雲和尚以絕大之毅力，艱苦卓絕，帶領僧眾四處籌糧，度過了一次次難關。

經數年的艱苦奮鬥，鼓山祖庭頗有建樹。除整理經版文物外，還培養出一批批學有成就的僧伽人才，使鼓山道風規整，門風重肅；另外還募修湧泉寺各堂寮樓閣不計其數，重建平楚庵、西林庵、雲臥庵等院宇，使整個面貌煥然一新。鼓山湧泉寺重又聞名於海內外。諸方佛子來鼓山參學者雲集，咸謂鼓山湧泉寺門風堪與鎮江金山寺、揚州高旻寺相倫比，鼎立而三。而方丈虛雲和尚以九旬老翁，竟以如此毅力，治山有方，益得諸山四眾的敬信，讚爲「禪門泰斗」。

民國二十二年春，明湛禪師（青持）在福建長汀創建八寶山，欲紹禪門法眼一宗，不知所由，遂來南華。接著又慕虛雲和尚德名來到福建鼓山，懇請虛雲和尚爲續法眼源流。蓋法眼宗久已衰歇。其源於金陵（南京）清涼山清涼寺，由文益禪師（「法眼」乃文益之封號）七傳至祥符良慶禪師，流傳大約百餘年，其後繼嗣者紛紜不一，無從考據。虛雲和尚遂受明湛禪師請續法，從良慶禪師及自己名上各摘一字，繼演五十六字。以此，虛雲則爲法眼第八代祖師。

復興南華

虛雲

民國二十三年三月的一個夜晚，虛雲和尚講經畢回到方丈室，在趺坐中漸入定。於似夢非夢之際，只覺六祖惠能大師來到跟前，對虛雲吩咐道：「時至矣，汝當回去。」

虛雲忽然驚醒，夢中景象依稀可辨。虛雲和尚不知此乃何兆。次日，弟子觀本法師侍座，虛公乃告之以夢境，曰：「恐吾世緣其不久乎？昨夢見六祖召吾回去。」觀本法師亦不解其意，只是聊以寬慰老人。

五月間，有粵僧敬禪、之清、福果等來鼓山參禮虛雲和尚，屢屢言及粵中佛法衰落、祖庭傾圮之情狀，並希望虛雲和尚能赴粵中興之。虛雲和尚遂聯想到月前夢見六祖一事，莫非即此因緣？意猶未決。

是夜，又接連三次夢見六祖催去。虛雲和尚於次日向眾弟子敘述夢緣時，眾皆謂為稀有之事，歡歎不已。

越數日，虛雲和尚忽然接到粵西北綏靖委員、廣東獨立第三師師長李漢魂將軍及廣東諸護法聯名來電（前者主席陳銘樞因參與十九路軍在閩舉事，事敗後離職赴港），禮請虛雲和尚赴粵主持曹溪南華祖庭。鼓山門下眾僧皆以夢境夙緣，敦勸老和尚接受邀請赴粵，中興祖庭。

虛雲和尚嘗讀《南華事略》，謂六祖入滅以來以至明季，南禪百房子孫僅存十餘間。祖庭衰落至此，不禁令其掩卷三歎。明萬曆二十八年（西元一六〇〇年），憨山德清大師入山重興祖庭，閱時八載，工程及半而去。後雖重來，但不久示寂。憨山大師在其《夢遊集》一書中有〈誓願文〉，寄重興南華之希望於來者，以還大師之宿願。虛雲每讀至此，輒為之太息。如今祖庭殿宇傾圮、房屋破壞，實有繼憨山大師重修之必要，遂意有所動。

於是，虛雲和尚立即擬以三事，覆電李漢魂將軍及廣東諸護法商議；第一，將六祖道場南華寺永作十方叢林，任僧棲止；第二，一切寺產宜爭取原有子孫房眾願意交出，不可脅迫從事；第三，所有出入貨財、清理產業、交涉訴訟等事，概由施主負責。最後並書：「倘允諾三事，即來參看」。

不久就接到廣東李漢魂來電，應允照行，並委派其秘書吳種石及廣州、香港緇素十餘人，前來鼓山迎迓。虛雲和尚安排妥當鼓山寺務後，即攜弟子觀本法師等赴粵察看。

※

虛雲在弟子觀本、復仁及吳種石一行的陪同護送下，抵曹溪南華寺。但見祖庭頹廢破敗，香火慘澹，一片荒涼景象。除祖殿寶塔及蘇程庵一部分稍許完整外，其餘大殿經樓院宇等均爲廢墟一片。祖庭百房子孫如今只餘五家，其數不到十人，且皆不住寺內，各攜家眷住於村莊內耕植牧畜，與俗類無殊。而祖殿之香燈僧，亦由鄉人管派，每逢二、八兩月（陰曆）祖誕日在殿中收取，所有收入亦由鄉村管理。殿中宰殺烹飲、賭博吸煙，骯髒不堪，比之當年憨山德清大師入山時所記之南華情形，實有過之而無不及！

虛雲和尚察考祖庭之形勢，認爲六祖肉身道場中落至此，雖有人爲因素及歷史的滄桑，但地形失利、風水失宜亦爲其重要原因。而欲徹底修復，將費時費力，實非易事。

察勘已畢，虛雲即面見李漢魂將軍，如實告之曰：「南華寺係宇內名勝祖庭，今頹廢若此，非掀翻重建，不足暢祖源而裕後昆。若作成次序如法，亦非數年工程，費數十萬金不可。貧僧力薄，安能勝此大任？」

李將軍見老和尚面有難色，忙安慰他說：「師勉住之，籌款之事，我當盡力耳。」於是請虛雲和尚親繪詳細工程圖，以爲預算籌款之依據。

虛雲以重念祖庭之緣故，終於答應李將軍及廣東諸護法之請求，留住曹溪南華寺。這一天，剛好是民國二十三年八月初二日（陽曆九月十日），祖師聖誕之日。

虛雲初入南華時，擬先定山場，以圖展布。由李漢魂將軍、吳種石君出面，畫出寺周圍五百畝土地爲寺屬基地，交由寺建築殿宇，並創辦林場。由於寺院殿宇樓寮等大都坍塌，容眾無所，便先行搭建杉皮茅蓬二十餘間，作大寮、客堂及緇素工人食宿處，並擬首先培修祖師殿。

諸事尚未展開，慕名來南華依虛雲和尚之緇素四眾及諸護法，就堅請大和尚結戒壇演戒。虛雲和尚亦以爲：南華之門庭傾圮不振，追溯其故，皆在於往昔之人不審毗尼，一味放逸有以致之。設使悉能淨戒律，仰體祖念，何至有今日？故重振祖庭，宜當自嚴格戒律始。

因此，自是年十一月七日始至十二月底啓建道場傳戒，開壇接眾：諸方慕名而來求戒者達數百人，粵韶（關）官紳及其眷屬、軍隊士兵亦多來隨喜。因無住處，只得再行臨時搭茅蓬竹屋以住眾。

在此期間，虛雲和尚的皈依弟子長沙郭涵齋寬慧居士、南嶽衡山寶生長老及寧鄉大溈山九成了照首座等，相繼由湖南趕至南華參禮虛雲和尚，懇請虛雲和尚興修大溈山。寧鄉大溈山密印寺原爲湖南省最有名之古刹，爲溈仰宗發祥之地。

可惜於民國初元之際毀於兵火。現今湖南省會眾宰官護法、諸山長老議擬改弦易張，復興溈仰。眾人無不稱道湘籍虛雲和尚之禪風，爲使溈仰禪燈續傳，即著郭涵齋居士等往南華禮請。然而，虛雲和尚初至南華，諸般事宜尚未展開，不能謝責，自然難以分身往湘。但虛雲仍告以容後領責任之。

爲全力修建南華祖庭，民國二十四年夏，虛雲老和尚返回鼓山辭方丈職。此前，虛雲和尚以身兼兩祖庭住持，難以兼顧，曾多次去函鼓山商議辭職及繼任人選事。然而，鼓山湧泉寺亦爲祖庭，非高僧大德不能住持之。因而鼓山常住曾派二監院來南華商諸虛雲大和尚，擬請妙蓮法師的受戒弟子、虛雲和尚同門師弟、現任中國佛教會理事長及天童寺住持的圓瑛法師前來住持。

虛雲和尚還修書一封，由鼓山二監院執函前往寧波禮請。圓瑛老法師亦是責在難辭，遂應允就席。一切安排妥當後，虛雲和尚便重回南華，盡心盡力以事南華祖庭。

在培修祖師殿時，重新裝修了六祖眞身像坐木龕，依阿育王寺塔式，作祖坐龕，龕外塑南嶽懷讓、青原行思、法海、神會四像侍立於側；在祖殿兩廂建東賢殿、西賢殿，塑建禪門五家有功於法門諸祖之像。建報恩堂，安奉聖父聖母，左右分置憨山、丹田神龕；建伽藍殿以奉伽藍護法神，儕靈通侍者於殿內，撤其酒亭，以正名定位。在祖殿之西，建觀音堂一所，移靈照塔內觀音大士像於其中，並以之為女眾受戒掛單之所；轉而將方丈室內六祖銅像（原奉於韶川大覺寺，因寺毀而移奉南華）供於靈照塔內。

祖殿之後的蘇程庵雖建築基本完好，但積穢充滿，清除修建，暫作方丈室。又將方丈室之東土坡挑培主山，築樓房上下五間，作為祖堂，供奉歷代祖師及南華繼席家匠牌位。

寺內部情形略具頭緒條理後，虛雲和尚即按預訂計畫，次第整修規畫全寺。民國二十五年開始修建大雄寶殿，移建於靈照塔前。殿中塑五丈高金身大佛三座。並各有迦葉、阿難二尊者侍立於側，四周塑五百羅漢。

大殿即將建成時，國民政府主席林森、司法院長居正、軍事委員會委員長蔣介石等先後來南華巡禮，並各捐俸助修殿堂，林森、居正助建大殿，蔣介石助重鑿新河。林、蔣、居諸公隨喜助修，使南華常住益增信心，而諸方護法亦多有助其成者，屢有瑞應示現：在寺後伏虎亭之北、卓錫泉之南有宋代種植的老柏樹三株，枯萎已久，於民國二十四年冬月忽發新枝。監院觀本為作〈南華枯木吟並序〉，歌以記之，並鐫書於丹泐石，由岑學呂居士識碑陰，植於寺內碑林。

民國二十五年夏，方擬動工更改寺前河流（曹溪河），使恢復故道，以避凶煞。此項工程本需挑築新河，塡補舊河，全程計八百七十餘丈，所費甚鉅。九月五日夜，忽然雷雨大作，通宵未止，至次日曉，水漲堤平，沖開新河，一如所定界線，而舊河已為砂石淤塞，且湧起數尺，形成南華寺前之一字案。此亦護法神之功也。

重建南華，工程既巨，困難亦重重。民國二十四年，李漢魂調離粵北，任國民革命軍第二軍第六師師長。由於興建南華籌款一事，主要依賴李漢魂之功，此後南華復興事日益艱難，尤其是塑佛像一事，耗資尤甚，時常捉襟見肘。為籌集資金，虛雲和尚一面遣弟子復仁法師往南洋募化，同時自己亦屢赴穗港一帶弘化。

是年春戒後，為募修事，老和尚應香港東華三院之請，赴港建水陸道場，在東蓮覺苑設壇。此乃香港有史以來第一次「萬善眾緣水陸法會」，其規模之大、參加者之眾、影響之深為港史上所罕見，有數千人皈依老和尚門下。

民國二十六年春戒後，廣州佛教居士林禮請虛雲至穗講經。講經畢，皈依者甚眾，包括當時在廣州的西藏榮增堪布活佛及羅格更桑等十餘名西藏喇嘛；接著又應佛山四眾護法之請，赴佛山仁壽寺爲新建寶塔開光。民國二十七年繼續赴廣州講經，之後再赴香港東蓮覺苑建大悲法會。虛雲和尚在督修南華諸項工程的同時，在粵港一帶頻繁講經啓建法會，不僅使粵港地區佛法（特別是禪宗）得以興盛，同時也保證了南華修建工程的順利進行。

民國二十七年秋，虛雲和尚由香港回到南華後，收到長沙郭涵齋居士手書乙封，及湘寧鄉大溈山寶生和尚來札一件。

郭居士及寶生長老在信中提及：聞說虛雲和尚在去年曾談及自出家後迄今未回鄉，有返湘之意。如今南嶽寶生和尚受託維持溈山密印寺數年，大殿、禪堂、齋堂、僧寮及山門等漸次告成。但寶生長老以身爲南嶽住持，難以分身兼顧，而溈山密印寺又係溈仰祖庭，非禪門巨匠不能振之也，因此二人代表湘省四眾，再次懇請虛雲繼續大溈山家風，並回鄉講經開示。溈仰宗居禪門五家之長，惜乏後嗣，致祖庭息燄，而後之學者，亦莫之所宗。

虛雲和尚面對家鄉護法的盛情及雅愛，自然難以推卸責任，重振溈仰法脈，當屬義不容辭。但南華這邊事既展開，且又困難重重，更難分身離去。因而虛雲老和尚只得勉強答應釋寶生之請，遙承法嗣，續溈仰法脈。按溈仰宗傳承甚少，由靈佑祖師起，四傳至芭蕉慧清，繼之者爲報慈韶祖、三角志謙，傳至興陽詞鋒爲第七世，其後無考。因而，虛雲和尚遠承興陽禪師，應爲潙仰宗第八代祖。

※

民國二十六年七月七日，日本侵略軍偷襲北平蘆溝橋，我英勇國軍奮起反抗。抗日戰爭由此爆發，使中國重又陷入危亡之境。民族危機又給南華寺的復興修建，帶來了巨大的困難。不久南京陷落，國民政府亦被迫遷都重慶。由於廣州市屢遭敵機轟炸，粵湘及附近各省因避戰亂而來南華寺的僧人日眾，南華亦日漸維艱。國難當頭，虛雲老和尙帶領南華常住與全國各地佛教徒一樣，以國家利益爲重，採取各種方式支持抗戰、支援國家。

民國二十八年春戒期，虛雲老和尙倡導：「在抗日救亡緊急關頭，全國軍民爲之損傷者甚眾，作爲佛門弟子，理應發心救助。」於是在南華寺設壇：全寺大眾每日禮懺二小時，爲前線官兵祈福息災、超薦亡靈。並號召全體大眾減省晚食，節積餘糧款獻給國家，以爲賑濟災民之用。

虛雲和尙還鼓勵廣州市及韶關市僧尼居士，積極響應甘肅省酒泉、安西、敦煌等七縣佛教徒聯誼會發起的、捐獻「佛教號」飛機的運動，捐獻一架「佛教號」飛機，以實際行動支援抗戰。是年，正值虛雲老和尙百歲誕辰。

民國二十九年，廣州淪陷後，廣東省政府及軍部機關遷至粵北曲江縣，來南華的各地僧侶也愈來愈多。虛雲和尚一面抓緊完成南華各處修建工程；一面重修曲江大鑑寺作爲南華下院，又建月華寺，以便廣接四方來眾。由於人多糧缺，曲江一帶饑民甚眾，老和尚毅然決定，將兩年來眾弟子及四方善信贈予虛雲私人的淨資二十餘萬元，不留絲毫，全部拿出交與廣東省政府，作爲賑濟之用。

民國三十年至三十一年，是抗日戰爭時期最艱苦的歲月。在國際戰場，西元一九四一年十二月十二日，日軍偷襲美國珍珠港，美宣布對日作戰；不久，香港淪陷，新加坡、菲律賓等國亦相繼被日軍占領。在國內戰場，日軍節節進逼，華南局勢嚴峻，國民政府及廣東軍政人員時常出入南華寺。

民國三十一年夏秋間，大鑑寺初成。此時，鼓山湧泉寺又常派員來南華諮詢有關事宜。而日軍飛機亦常來犯曲江，騷擾抗日後方基地。世間事與出世間事，紛至雜沓而來。

八月的一天，廣東省政府諸要員來南華寺議事。日軍偵探得此消息後，便派八架飛機跟蹤而來，在南華寺上空盤旋，尋找目標，伺機轟炸。虛雲和尚令全寺大眾回寮房避之，諸來客也避於祖師殿中。安頓妥眾人以後，老和尚獨自一人上大雄寶殿拈香趺坐。

不一會兒，忽聽一聲巨響，一架飛機俯衝下來，投下一顆炸彈，擊中寺外河邊樹林，幸未傷及人眾。敵機復升空盤旋飛行。結果，在寺四十餘里外馬坎的上空，兩架敵機恰好自相碰撞，機毀人亡。其餘飛機見狀，盡皆飛離南華。眾僧皆謂此乃我佛護佑之功！

民國三十一年是中國軍民抗日戰爭的第五年。戰場形勢正處在膠著狀態。爲國亡軀的中國軍民數以千萬計。爲超薦亡靈、祈福消災，由國民政府主席林森倡議，在重慶第三次舉行「護國息災大悲法會」，禮請虛雲和尚主壇。此前，早在民國二十六年十月，重慶佛教界爲反對日軍侵華，由釋能海主壇啓建護國息災法會。

民國二十八年三月，戴傳賢（季陶）及屈映光居士在重慶再次發起啓建護國息災法會，請藏傳佛教大師貢噶主壇，追悼陣亡抗日將士及死難同胞。同時在全國各地，如上海、北平、湖北、山西等地佛教界，也多次舉辦此類法會。

雖然這些法會祈願侵略者發善心是不可能的，也不能直接改變戰場形勢，但表達了中國佛教徒制止侵略戰爭、祈願和平的願望，而且對於號召對佛教有相當程度信仰的中國民眾出資出力，對於安撫追悼死難的將士同胞，具有相當的作用，且具有維護世界和平的深遠意義。因此，當此次由國民政府主席親自發起的大悲法會禮請虛雲和尚主壇時，虛雲即欣然答應。

民國三十一年十二月，林森主席與行政院各部長、重慶各界委託派屈映光、張子廉二居士來到廣東曲江南華寺，專程迎接虛雲老和尚赴重慶主壇。虛雲和尚遂將寺務交由年前由南華往南洋募化歸來的復仁法師代理住持，諸事安排妥當後，十二月十三日，老人攜弟子惟因與接員一行，乘專車由南華啓程赴陪都重慶。

虛雲一行途經南嶽時，入山進香，作短暫停留。到達廣西桂林時，軍事委員會桂林辦公廳主任、虛雲住持鼓山時熟識的李濟深（任潮）派許國柱爲代表。將虛雲和尚一行迎至桂林月牙山。桂林四眾聞訊前來請法求皈依者十分踴躍。到達貴州省會貴陽時，寓黔明寺。因值汽車拋錨，遂應黔明寺廣妙和尚之請上堂開示。虛雲在開示中談及，當今世界相爭相殺，民不聊生，正宜弘揚佛法、普度眾生。

他重申：「物必自腐而後蟲生。」現在佛門弟子若能當行佛事、認眞修持，自然會感化那些逐僧毀寺者，轉而爲佛門護法。而且「須知佛教是整個的，人不分寃親，地不分疆界，方爲眞正的大同主義」。

此次赴渝，虛雲和尚專車所經湘桂黔川各地，備受各界歡迎，計請法皈依給牒者四千餘人，上堂說法開示數十次。

到達重慶後，政府代表及全國各省大叢林前來出席法會的代表，均在車站迎候，將虛雲一行請至慈雲寺掛單。不數日，林森主席、戴季陶先生派人將老和尚接至林公府上，與林森主席等人商議法會具體事項。決定擬在慈雲寺、華嚴寺兩處先後分設壇場。

虛雲又面陳林主席，法會期間，請於全國範圍內施行五事：「一、大赦；二、增廣賑濟難民；三、禁止屠宰牲畜，茹素放生；四、減輕賦稅；五、保護寺院並免僧役。」林主席均表應允，並飭令通告各省執行。

民國三十一年十二月九日，「護國息災大悲法會」在重慶慈雲寺如法經啓戴傳賢爲法會會長，虛雲和尚主持法會。開壇之始，重慶市已布告禁屠。一切壇場設施均如法進行。虛雲和尚率領全體僧伽在佛前諷諸品尊經，加持廣大圓滿無礙大悲心陀羅尼，稱揚聖號，祈願轉國運興隆，劫難消除，陣亡抗日將士、死難同胞聞法超生。國民政府主席林森與各方代表、眾官紳亦蒞壇拈香禱告。

但開壇後不久，虛雲和尚閱讀近日重慶報章云：「因種種原因，禁屠未能切實執行。」老和尚深感不安，於元月十日上書林森主席，謂：「修法固使僧伽之行持，而發起者之誠意，不能普及大眾，同時響應，恐於事理無益。」希望政府於應允五事，曲加體察，確實施行，以不負倡導者用心之誠及人民之期望。

次年元月十三日，法會二期暨釋迦世尊成佛紀念大會移至華嚴寺舉行，在重慶的名僧太虛法師等也應邀出席。整個法會期間，虛雲和尚日則上殿過堂，應酬佛事，晚或念佛；或趺坐。應與會眾人之請，虛雲還在慈雲寺、華嚴寺爲眾開示說法。

一日上堂開示，有某公詳細問法，並具列唯物唯心及神與基督教之理問之，疑佛教即唯心論，且爲消極、爲迷信，不足以爲國教者。虛雲以書答之，並在二寺上堂開示作答，由侍者惟因筆錄。虛雲和尚論之精闢，令某公歎服不已。茲節錄數語如下。

佛教者，實今日周旋國際、趨進大同之唯一大教。……所謂唯心唯物、有神無神，皆是識心分別計度耳。或云「佛學亦唯心論耳」。佛學雖說唯心，然與哲學上之唯心論懸殊。哲學上之唯心論，於心執有，於物執無，釋迦所謂以攀緣心爲自性、執生死妄念爲眞實者。唯物論者，於物執有，於心執無，釋迦所謂顚倒行事、誤物爲己，轉迴之中自取流轉者。唯神論者，劃分物質實體與神靈實體爲截然不同之兩個世界，釋迦所謂惑一心於色身之內、認一漚體，目爲全潮者，各執偏見。

殊不知心即物，物即神，心與物與神同一理體。有物，則有心有神，無心，則無神無物。然而此「有」非有無之有，乃非有而有之妙有；此「無」，非斷絕之無，乃超有無之妙無。唯心論、唯物論、唯神論者均未明斯義，互相攻擊，實則皆無不是，亦皆非是，一研佛學，自可渙然冰釋矣。

針對某公疑佛法爲消極迷信，虛雲認爲此是不明佛教之眞諦：

佛梵名Buddha，義譯覺者。自覺覺他，覺行圓滿，謂之爲佛。菩薩梵名Bodhisatva，義譯覺有情，有在家、出家二種，乃發大心爲眾生求無上道，一面自修、一面化他者，其積極與正信，恐無有出其上。願行菩薩求無上道者，非必出家而後可行。在家亦無不可。不過出家所以別國主、離親屬、捨家庭者，意在脫離情欲之羈絆，捨私情而發展佛力之同情，捨私愛而爲偉大之博愛，以度一切眾生爲忠，以事一切眾生爲孝，此大同之義也。……今孫公（指孫中山先生）亦以佛教之輸入中國，有裨益於中國學術思想，故稱「佛教爲今日之周旋國際，趨進大同之唯一大教」，豈徒言哉？今日信教自由，不能強人以迷信，只可令人心悅誠服而生正信，然則捨佛教其誰與歸哉？

※

四十九天的大悲法會結束後，國民政府主席林森及蔣介石、戴季陶、何應欽等軍政要員，分別設素宴招待虛雲和尚，以祝賀法會的圓滿成功。而各地赴渝出席法會的四眾代表，亦紛紛禮請虛雲和尚蒞臨各地說法。時滇省政府主席龍雲亦委派虛雲和尚昔日同參、禪友戒塵法師來渝迎請老和尚回滇，四川成都緇素尊宿則推袁煥仙老居士赴渝迎請虛雲等等。

後來，袁煥仙老居士之弟子南懷瑾先生在《靈巖語屑》一書中，生動而詳細的憶述了南懷瑾侍老居士，赴重慶數晤虛雲老和尚的經過。

袁煥仙居士攜弟子南懷瑾抵達重慶後，即由吳適均先生、孔陣雲先生介紹，拜謁了虛雲和尚。旋又請戴季陶先生代為勸駕。法會畢，虛雲曾邀袁煥仙夜談，至夜深方退。

袁煥仙與虛雲和尚在重慶過從五日，前後數談，益知作家相見，備極平常，不但未逞機鋒，更無所謂棒喝。

常言道：「大智不肆口，大拳不弄手」，不其然乎？但虛雲和尚以南華事時時牽掛於心，一直未答應袁煥仙及眾人之請。後來戒塵法師及王九齡居士向袁建議道：「虛老能到蓉、滇即不難。然此老極徇情，且重先坐，若辱跪求必如願，如何？」

袁煥仙老居士慨然偕南懷瑾長跪伏請。虛雲急忙請起，煥仙仍伏地。虛雲曰：

「老居士願虛雲多活幾年即請起，明歲之冬來成都，不然與老居士道謝辭行矣。」袁煥仙悚然而起，挽以住世。

虛老頷之，以《南華小志》一冊，自像一紙及親書一偈贈袁老居士。偈曰：

大道無難亦非易，由來難易不相干；
等閒坐斷千差路，佛魔難將正眼覷。

四月，虛雲和尚辭別眾人，離開重慶返回曹溪南華寺。在返粵途中，虛雲和尚將法會期間諸護法及名公巨卿所贈之名貴古玩、字畫等，計五大箱悉數贈給他人及沿途各地寺院，自己不留一物。侍者惟因問其故，老和尚答以「徒費保存，徒亂人意」。所收淨金，亦命弟子惟因一一登記，移作南華寺修建海會塔之用。

※

回到南華後，虛雲和尚即開始興建七眾（比丘、比丘尼、沙彌、沙彌尼，優婆塞、優婆夷及式叉摩那）海會塔。在僑居香港商人鄭子嘉居士及眾善信發心踴躍捐助支持，海會塔於民國三十三年初正式竣工。是塔巍峨壯觀，共計耗資國幣百餘萬元。湯瑛居士（後出家，法名融熙）為撰〈南華寺七眾海會塔記〉，敘述建塔之因緣及經過，並鐫石於塔爲誌。

至此，南華寺修建工程基本告竣。復興祖庭，始成具體，前後總計十年之久。計新建殿堂房宇庵堂閣塔約二百四十三楹，塑裝大殿及兩序大小佛像計六百九十尊，倍極莊嚴。後來，虛雲和尚行將離開南華移錫雲門時，親作〈重興曹溪南華寺記〉一文，詳敘重興南華祖庭之因緣，自謂：「十載經營，綜理次弟，心力交瘁，始具規模。」

此十年間，「左支右絀，辛苦撐持，委曲求全，濟變禦侮，其困苦艱難，有不堪殫述者」矣！以十事敘其經過：「一、更改河流，以避凶煞；二、更正山向，以成主體；三、培山主以免座空及築高左右護山以成大場局；四、新建殿堂，以式莊嚴；五、驅逐流棍，革除積弊；六、清丈界址，以保古蹟；七、增置產業，以維常住；八、守戒律以挽頹風；九、創禪堂、安僧眾以續慧命；十、傳戒法、立學校以培育人才。」

尤其值得一提的是，虛雲和尚住持復興南華的十年正值國難當頭、社會劇烈動蕩的時期，重建工程維艱，然猶不廢戒律，仍一一如法培養僧才，以使法輪常轉，慧命永續。

民國三十年建法堂，築長期戒壇：自此南華寺逢年傳戒，道不論遠近，人不論多寡，依時而來，授受戒法。次年夏復興古無盡庵，以接尼眾。老和尚爲之立規訓：庵內尼眾應謹守清規。時有朱鏡宙居士訪庵，等坐稍久。庵中僅一中年尼師以茶果相饗，隨即離去，無半句應酬語。此又爲各地尼庵所無也。

民國三十二年七月創立南華寺戒律學院，接受在南華受戒法期滿者入學。重行薰習，以資深造。不受寄名，亦不容簡略處事；接著又於寶林門內辦義務小學，收教附近鄉村貧民子弟。

如今，南華寺興建之預期十事，次第完成，殿堂屋宇可容僧伽五百餘人；祖穀亦差不多足夠半年之需，四事供養，具體而微。竟昔日憨山大師未竟之志，使曹溪法乳重灑人寰，六祖禪燈再耀南天。

第九章　中興雲門・美籍門徒佛緣廣

老和尚以大無畏精神，集僧眾之力，用少數工人，自爆石，自燒磚瓦，自伐木材，自施工建造塗漆粉刷，並開墾種植以顧及百餘之四事供養。建設維艱，人事周章，但虛雲老人持之以定、處之以恆，自力更生，艱苦奮鬥，帶領雲門大眾度過了一道道難關。

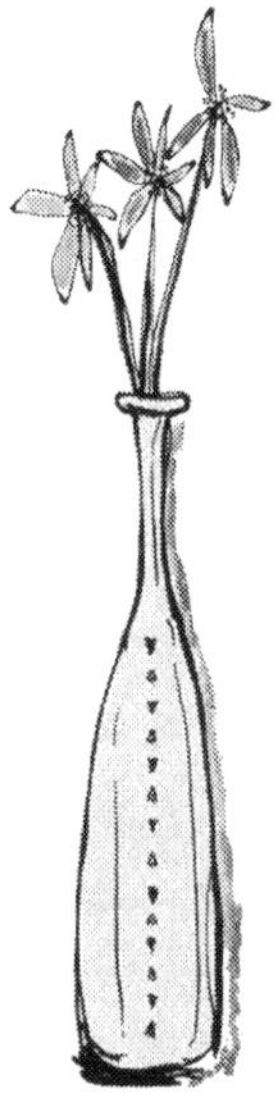

移錫雲門

民國二十九年，虛雲和尚在南華重建六祖道場，諸項工程行將就緒之際，曾與粵僧福果法師等，往曲江、乳源各地尋訪靈樹道場。當虛雲一行尋至乳源縣雲門山時，但見此地山谷清涼、幽靜，人跡絕少，潺潺的泉水聲伴和著鳥鳴聲，構成一幅幅如畫般的景致。

然而虛雲等無心賞景。當他們尋訪至大覺禪寺故址，禪門雲門宗開山道場，已埋沒於一片荊棘叢林之中，法堂之上已草深三尺！古寺僅殘存祖師殿，亦岌岌可危，隨時有坍塌的危險。但殿中雲祖肉身像完好無損。昔日祖庭淪落至此，甚至較虛雲來曹溪之前的南華祖庭之情形有過之而無不及，不由得令老和尚悽然淚下。

所幸的是，大覺禪寺中尚有一僧明空，自民國二十七年入山，獨倚寒巖，清苦自持，以事祖師香火。明空法師見虛雲等來此尋訪，猶如黑暗中的行人遇到光明一般，向老和尚陳訴：「倘不重興，雲門祖庭行將湮沒矣。」虛雲和尚帶著沈重的心情返回南華寺。

一日，適有軍事委員會桂林辦公廳主任李濟深，與李漢魂將軍抵寺拜訪虛雲和尚。李濟深先生，字任潮，廣西蒼梧人，曾留學日本。北伐戰爭時期曾任國民革命軍總司令部參謀長、廣東省政府主席。

虛雲住持鼓山時，李濟深與蔡廷鍇、陳銘樞等在福建發動兵變，成立中華共和國人民革命政府，李任主席。李先生素好佛學，曾多次向虛雲和尚問法。李漢雲將軍此時也已升任廣東省政府主席。時二人亦在粵北駐守，故特來南華參禮虛雲和尚。

老和尚遂向二位護法談起雲門大覺禪寺的境況。不久，李任潮、李漢魂兩人先後出巡乳源，途經雲門山，見大覺禪寺一片殘敗之狀，於是便與乳源地方名流緇素，共同商議禮請虛雲和尚來雲門山重興祖庭。虛雲和尚慨然允諾。

民國三十二年底，李濟深主任、李漢魂省長及駐粵三十五集團軍副總司令兼新二軍軍長鄒洪，偕粵省及乳源眾士紳抵南華寺，迎請虛雲和尚移錫雲門。為全力復興雲門祖庭，虛雲和尚遂辭南華寺方丈之職，交與弟子復仁法師住持。

釋復仁，廣東大埔縣人，早年出家於暹羅（今泰國）甘露寺，具戒於天童寺。出家後曾參淨心、果宗、融通、慈舟諸師，禮普陀、五台、鼓山諸道場，住金山、高旻，前後八年，有所省發，復依虛雲和尚於鼓山，助修南華。復仁法師奉虛雲老和尚之命募化於南洋，化緣甚廣，使南華得以竟功。民國三十一年始返南華，適虛公應政府請往重慶主持法會，復仁乃代理住持鼓山。

復仁法師篤行精勤，深得虛公信任，故此次移錫雲門，即將南華寺交復仁，嗣繼法脈。

虛雲和尚安排妥南華諸事後，即由李濟深、李漢魂、鄒洪諸公親自送至雲門山，住持復興大覺禪寺。

按雲門一宗，起自雲門文偃祖師，十一傳至南宋末溫州光孝已庵深淨禪師，後失典籍。今虛雲和尚重繼香燭，中興雲門，應爲繼深淨禪師之後爲雲門宗第十二代祖。

虛雲和尚來到雲門後，仍以明空法師爲當家師。因古寺殘屋敗垣，無一處全者，只得以祖殿內觀音堂之後一陋室暫作方丈室，在此籌畫重建雲門事宜。爾時抗戰烽火遍於全國，粵省垣穗城等大多陷於敵人之手，日寇已深入後方，交通常常阻絕，日在危難震撼之中。

值此財力極度匱乏、物質奇缺之年代，雲門祖庭重建較之南華年代更爲艱難。然而虛雲老和尚以一百又五之高齡，悉心擘畫，晝夜辛勤，事無鉅細，必親自檢點。

老和尚以大無畏精神，集僧眾之力，用少數工人，自爆石，自燒磚瓦，自伐木材，自施工建造塗漆粉刷，並開墾種植以顧及百餘之四事供養。建設維艱，人事周章，但虛雲老人持之以定、處之以恆，自力更生，艱苦奮鬥，帶領雲門大眾度過了一道道難關。

※

民國三十三年春夏之交，由南華寺眾弟子增補編輯之《虛雲老和尚事蹟》一冊書成，在南華寺刊行。鼓山門下弟子岑學呂為之作序。岑居士在序中囑讀是書者，「當於有字處觀虛雲老和尚事蹟，當於無字處見虛雲老和尚眞面目」。接著，南華寺擬啓建水陸道場，復仁和尚禮請虛雲老和尚返南華主壇。

虛雲和尚趕回南華寺時，正值南華出現一異事。在一個月以前，一群巨如拇指大的山蜂傾巢飛至南華寺。蜂不螫人，且行有序，只在法堂左右廊各營一巢，狀如大殿燈籠，至為美觀。巨蜂復又於曹溪門外大樹上結一巨巢。時南華四眾咸謂神蜂來朝。

虛雲和尚在復仁、觀本、惟因、岑學呂、林遠凡、李執中等弟子陪同下往巡視之。虛公視巨蜂良久，曰：「此人頭蜂也。平時棲止於深山巖穴之中，都市所未易見者。今來此，其將有事乎？」言畢默然。至南華水陸道場圓滿結束、虛雲和尚返回雲門時，令復仁及眾弟子暗中將六祖及憨山眞身像以及諸法寶遷至雲門，以防不測。

是年底，日軍大舉進攻粵北。民國三十四年一月二十五日，曲江城被日寇占領，來南華避難之軍兵、客商突然增多。三十一日後，一群匪徒襲擊了來南華避難的兵客。南華寺亦遭洗劫。若非虛雲老和尚早有預知，則憨山、六祖眞身像又將遭殃矣！

自民國三十三年底至民國三十四年春夏間，粵北戰事趨緊，雲門山大覺禪寺一帶鄉村亦數度遭遇危難。民國三十三年十二月，即虛雲和尚由南華主法事畢返回雲門不久，國民革命軍某部運輸部門，在押運糧草由一六街至乳源途中，被附近一帶流匪劫殺，軍糧損失慘重。軍政當局十分震怒，遣軍隊剿辦雲門附近四十餘鄉村。

一時村民被拘捕者數十人，而牲畜財物亦悉數被抄。各鄉村耆老聯合商議後，詣雲門寺求救於虛雲老和尚。爲救無辜鄉民，老和尚三赴縣城，詣軍營向首領解釋說情，費盡口舌，方獲准當局歸還失物，賠償若干，寬宥放回囚民，令其回家安居無虞。

又次年三月，日寇侵犯乳源縣。敵騎兵所至之處，擄民伕役，掠奪牲畜糧食，姦淫婦女，無惡不作。然該隊日軍首領卻素來崇信佛法。日軍至雲門山，該軍官聞是雲門宗祖庭，乃入寺謁虛雲大和尚，行禮拜。

虛雲即當面斥日軍所爲、侵略行徑，並告之，飭其屬下，勿擾鄰近鄉民，並請於各村張貼布告多張。

懾於佛法的威力及虛雲老和尚名望，該隊日軍照議而行，雲門山鄰近各鄉村得以保全，不再受驚擾。此亦端賴老人之悲心也。由此，雲門一帶鄉民愛戴老人亦如慈父般。

自乳源城陷落，避兵禍而來大覺禪寺者日眾，致使備糧緊缺，飯不繼以粥，粥不繼以木薯粉代之。虛雲和尚及雲門常住與避難者同甘共苦。更為難得的是，值此危難之際，修建雲門寺之木匠、泥水匠、磚瓦匠等近百餘人，均願暫時不領工資，且日夜加班加點操作。

是年秋，虛雲和尚因勞累成疾，重病二個月。雲門鄉民聞訊，非常掛念老人病情。各村耆宿士紳及團體代表、保長等，均派人代表全體村民恭詣寺中，叩首問安，申致全體鄉民關懷之忱。

並說：「我們當地百姓，聽說和尚病了，大家都很掛心，希望老和尚的病體早日康復。因為自從老和尚來雲門之後，地方受惠很多，就連人畜瘟疫都再也沒發生過，與早年大不相同。」

足見虛雲老和尚道隆法化，感格人心。而虛雲和尚中興雲門道場，大興土木，諸項工程之成功，亦有賴於全體鄉民及工人之鼎力相助。

※

虛雲

民國三十四年八月二十三日，日本國宣布無條件正式投降。歷時八年的中國抗日戰爭，終於宣告勝利結束。這場戰爭給中國人民帶來了無窮無盡的災難，而且禍延至今，僅死於戰爭中的中國人就達四千萬餘人，財產損失更是以億數計。

戰爭結束後的民國三十五年，國民政府還都南京，全國各地正積極組織復員整頓、生產自救工作，醫治戰爭創傷。此時雲門大覺禪寺重建事宜，也正處在窮苦萬難之際。全部工程未及一半，所備款項已是左支右絀，諸多工程不得不中途暫停作罷。

民國三十五年六月二十七日，大覺禪寺眾僧念佛畢，方回寮，古寺原來僅存的祖師殿突然全部傾落。所幸的是，文偃祖師眞身安坐如故，僧眾亦無一傷亡。

祖師殿乃本寺主殿，若不及時修復，不但無以安置祖師之眞身，而且全寺僧眾修行亦不得其所。然如今戰事剛剛結束，饑荒遍地，民不聊生，怎能再提募款籌建。虛雲老和尚與雲門常住相與歎息不已，乃親作〈雲門大覺寺祖殿傾落記〉一文以識之，文末爰成一偈，以爲同道者告：

世事滄桑感昔緣，果因不昧報無邊。
祖庭衰極方圖復，大戰災深竟阻延。
殿傾佛像棲無處，校佔僧糧灶斷煙。

事敗如花遭急雨，升沉苦樂奈何天！

民國三十五年七月七日，抗戰爆發九周年紀念日，國民政府通令全國寺院誦經，爲戰爭中的死難同胞追薦亡靈。爲響應政府此一號召，廣東省佛教會（民國十八年成立）同仁推舉代表赴雲門山大覺禪寺，迎請虛雲老和尚蒞穗主法。同時廣東省軍政要員張發奎將軍、羅卓英省長等也積極支持此舉，派員攜政府公函來山勸駕。

面對全省各界的盛情邀請，德高望重的虛雲和尚仍表現的十分謙遜與平易近人，雖然隨順承諾赴穗主法，但與諸位代表訂明三點：第一、敬辭歡迎；第二，敬謝請齋；第三，不能久留。諸代表允諾之後，虛雲和尚始下山赴穗。

法會壇場設於淨慧寺（即六榕寺）。淨慧寺住持原爲虛雲和尚之弟子觀本法師（抗戰勝利後，虛雲和尚即令觀本回廣州住持六榕。不幸的是，是年臘月初六，即民國三十五年一月九日，觀本法師因病在六榕示寂，世壽七十八，僧臘十六），觀本圓寂後，由寬鑑法師繼任六榕住持。

雖然虛雲和尚明訂「敬辭歡迎」，但到達廣州後仍受到各界人士的熱烈歡迎。省佛教會四眾、粵省諸護法及各界人士，爭相來六榕寺禮拜虛雲和尚，令老和尚應接不暇。而六榕寺地方狹窄，擁擠不堪。不得已，虛雲於八月十八日應請至廣州中山會館，在廣州各界爲老和尚舉行的歡迎大會上致詞開示。

虛雲和尚在致詞中概述了此次大齋盛會之緣起，一爲超薦抗戰以來爲國捐軀的陣亡將士，二是戰爭中死難的不屈義民，亦是爲國獻身，三是死於各種災難的一應枉死等眾，均須普度。他還強調值此國土重光之際，如要永久和平，大家應當發大悲的菩提心，興利除弊，提倡道德，改惡從善。

九月十七日始，法會在淨慧寺正式開場，建水陸道場七晝夜。至結壇時，寺內有緋桃一株忽然開花，重台璀璨，得未曾有。現此瑞應，實乃天人相慶之事也。爲紀念之，曾璧山居士繡《桃花古佛圖》，胡毅生居士繪《緋桃瑞應圖》，並撰〈緋桃瑞應記〉一文，另有偈文無數。桃花盛開，浹旬未謝，觀者塞於途，隨喜者有十萬餘眾。而此時虛雲和尚已悄然離開廣州，往汕頭去了。

虛雲和尚應汕頭市市長及其他要員之邀來此講經開示，旋又應邀至揭陽縣，在揭陽縣第一中學開示，再談佛教因果律。然後回南華。民國三十六年春戒期，虛雲在南華寺傳戒講經。至夏，香港東華三院請虛雲和尚辦平安法會，遂赴港，住在皈依弟子寬璧（即曾璧山）居士所辦之崇蘭學校，蒙寬璧殷勤招待。寬璧、寬慧（志蓮淨苑當家）及在港的舊時弟子，相助虛雲和尚建平安法會，是時皈依者有數千人。旋又應請至東蓮覺苑開示。

虛雲和尚在香港弘法時，香港李民欣居士及夫人張晴嘩，和聞訊由澳門趕來的老和尚皈依女弟子寬如、寬榮等，歡喜雀躍，即共同發起請恩師蒞澳門弘法，並蒙應允。

民國三十六年九月十四日，虛雲和尚抵達澳門時，澳門數以千計的善信弟子以隆重儀式，鐘鼓齊鳴，東西並列，夾道俯伏，歡迎老和尚。虛公亦德心大悅，讚道：「儀軌專誠，難得難得！」

次日，即假地澳門平安大戲院為眾說法開示。戲院前懸一花牌，名「法雨繽紛」。是日果然天降甘霖，澳內道巷積水，前來求皈依者不下數千人，各人皆濕地叩頭，得遇大善知識，亦無所憾。

又次日，復在平安戲院說五戒，傳述戒儀。由於言語不通，諸番開示皆由寬容居士傳譯為粵語。不久，寬如、寬榮草居成立，號曰「慧明講堂」，虛雲和尚及澳門其他大德共為之開光剪綵。

事畢，應馬傳詩居士請，赴廣東省中山縣石岐，建大悲法會，皈依從戒者亦數千之眾。在折回雲門途中經過廣州，復應邀至廣州聯義社，與諸同仁、善信敘談，並發表演講，談如何修持佛法。回到雲門後，趕速完成各項殿宇修建工程。得諸弟子及四方善信鼎力相助；雲門復興諸項工程重復上馬，且進展順利。

天主教徒的依止

民國三十七年春，廣州佛教志德醫院正式成立，該院旨在為無力求醫者贈醫藥。雖然醫療與佛教同為「救生」、「護生」，但在醫院前冠以「佛教」二字，在廣州卻屬首次。因此院長陳、董事長梁等承辦者擬議，邀請虛雲和尚前來主持開幕典禮。

是年春戒後，虛雲和尚再一次赴穗，為志德醫院揭幕。虛雲和尚在開幕典禮上作了演講，力陳「嚐百草而醫眾生疾的神農氏即是菩薩，而我佛出世，為眾生離苦得樂，故為演『醫方明』，以治之」。典禮畢，又在廣州講經說法。

不久，應智林監院之請，再赴香港沙田慈航淨院道場講經，並結念佛七，為四眾說三皈五戒；然後到東蓮覺苑主持拜懺儀式。事畢返回雲門。

是年五月，由劉綿松居士編輯之《弘一大師全集》書成。此前，劉居士曾屢屢致書雲門虛雲老和尚，請為《全集》作序。弘一大師俗姓李，名岸，號叔同，浙江平湖人；他多才多藝，是中國近代佛門的一位奇人。在出家前，李叔同固世所稱為翩翩俗世名公子者，風流倜儻，名噪一時。出家受具後，諸緣頓息，露頂赤足，動止循律，以身作則，且深究律學，著述頗豐，使宋元以來七百餘年湮沒不傳的南山律宗，重新得到弘揚與流布，因而被尊爲「重興南山律宗第十一代祖師」。

民國三十一年，弘一大師在福建泉州開元寺圓寂。虛雲和尚因久處西南，未曾得見弘一大師，對其道德密行誠難盡識，但亦久仰其高行與德名，故不敢辭，允爲作〈弘一大師全集序〉。

在序中，老和尚還囑「讀斯編者，倘能求師於藝林之外，庶乎近之」。緊接著，弘一大師之弟子僧睿等輯弘一大師生前事蹟，編成《弘一大師事略》，問序於虛雲和尚；僧睿還以大師生前著述欲刊行於世，用益自他，而報師恩，故復請傳於虛雲和尚。虛雲和尚以義不容辭，爲撰〈弘一大師事略序〉及《弘一大師傳》，敘述大師之行願以勸世，表達了老和尚對弘一大師律身進道、勝德高遠的由衷的敬重和紀念。

不久，自滇南傳來一則不幸的消息，虛老昔日同參戒塵法師，於六月二十七日在昆明雲棲寺圓寂。聞此噩耗，虛雲和尚不禁悲痛異常。憶自終南相遇之後，三十餘載，同爲佛法因緣，常相警策幫助，受益良多，令人難忘。

在爲戒塵法師舉行的悼念儀式上，虛雲和尚以香華素饈之儀，遙祭戒塵法師之靈，曰：「法門沒落，僧德頹廢，不懼因果，不畏清儀，放僻邪侈，靡所不為，披時代之錦衣，蓋掩護之有辭，惟我大師，有德有守，不為世移，嶙嶙其骨，巖巖其儀，行住坐臥，惟戒是師……痛哲人之已逝兮，吾道窮矣。」

在戒塵老法師圓寂之前，諦閑法師、印光法師、普常法師、太虛法師等海內佛門大德相繼謝世。自此，虛雲法師獨為海內靈光，慧命之續，實乃攸關。因此，虛雲和尚在海內眾弟子及諸護法紛紛倡議，並在《圓音》、《覺有情》等刊物上撰文；彰顯虛公事蹟，以使廣為流布，令各有情知之而起信。

※

民國三十七年十月下旬，因廣州六榕寺住持更換一事，廣州緇素數次派員赴雲門大覺禪寺，迎請老和尚至廣州接收六榕寺。虛雲和尚以情不可卻，乃躬赴穗應約。及至六榕古寺接收事未畢，忽然接到廣州市政府緊急通知；有一位美國籍女士，名詹寧士，久慕虛雲和尚之禪德，即將乘飛機不遠萬里來華求皈依。事前中美兩國外交部門曾接洽商議，以中美兩國外交關係計，請虛雲和尚妥為接待。虛雲和尚當即表示允諾。

詹寧士女士當年五十二歲。其父為美國加利福尼亞州神學博士、天主教神父。清光緒年間攜眷來華傳教，詹氏即誕生於中國南京。幼時的詹寧士因常見中國佛徒之行履，即開啓其宗教派系之疑。稍長，遊覽於中國各地寺廟。見佛刹莊嚴清淨，遠非其常見的天主教可比，由此對佛教印象漸深，便欲研究佛教教理。二十五歲，詹寧士結婚以後，遂得專心研究佛法。時詹氏還爲國際聯盟文化協會的會員。

由於信仰上差異漸顯，詹寧士終於與其夫婿離婚。此後，詹氏傾注全部精力研究佛經。以其教不了義，遂離家到處遊歷，遍參佛門耆宿，求訪佛義，還將自家的一部分改成一座佛寺。曾到印度，在佛教聖地鹿野苑住了一段時間，並作「佛陀的智慧」的講演，並參研佛學。回到加州後，曾閉關潛修四年，以期靜修發悟。出關後，尤爲傾心佛門心宗（禪宗）。

蓋因禪宗西土二十八祖達摩禪師東來中國，直指人心，見性成佛，大弘頓教，曹源一滴，一花開五葉。由此，詹寧士女士便發心來中國參訪禪門大德。聞虛雲禪師，臘長壽高，爲中國禪門眾望所歸，故特地飛來中國依止老和尚。

十一月二日，詹寧士在香港顏世亮居士（後出家，法名忍慧）的陪同下，乘廣州號郵船由香港來到廣州。抵廣州後，便持名帖至六榕寺禮謁虛雲和尚。

詹寧士女士身體瘦長，頭髮已然斑白，身披耀眼的黃色僧衣，一見虛雲和尚，便於老人座前行五體投地大禮，稱「弟子詹寧士，特來參見大和尚」。

虛雲和尚憫其遠來，以軟語慰之：「善哉，善哉！大心佛子，當如是耶。」

詹寧士告訴虛雲：「自己雖是美國的一個神學博士的女兒，卻對於東方文化，尤其是極其深湛的佛教文化至爲崇仰，並參加了由西方思想家發起的『研究佛教精義的運動』。今不遠萬里來華參謁大師，並計畫到曲江南華及各地寺院參禪。」

當詹寧士問參究禪宗之要旨時，虛雲和尚爲說「禪淨不二」法門，曰：「禪宗雖一超直入，非上根利智不能修。末法眾生，障深慧淺，惟依持名念佛法門，了悟生死，往生極樂國土。初入手與禪是二，及其成功，二而不二。惟念佛須攝心觀照，句句落堂。落堂者，落實之謂也。句句著實，念念相應，久久自成一片，由事一心而至理一心，能所兩忘，自他不二，與參禪有何差別。中峰大師曰：『禪者淨土之禪，淨土者禪之淨土。』彼念口頭佛，參口頭禪者，同一自欺，生死關頭，如何了脫？」

詹寧士女士聞之動容。次日，經詹寧士數度啓請，虛雲和尚答應如約前往黃日光居士家中，隨緣說法，「機鋒到處鐵人驚，振威一吼天耳聾」。

詹寧士隨出，常語人曰：「固知禪宗不可思議。」於是隨侍老人左右，凡十餘日。

時十方緇素雲集廣穗，迭次懇請虛雲老和尚主持禪七，以期多欲眾生，克期取證。詹氏聞之，意外欣然，因而三請老人慈悲攝受。虛雲和尚知不可卻，乃決定即日返回曹溪，舉行禪七法會。消息傳出，人爭相慶，背包摯匣跟隨老和尚者甚眾。

十一月二十二日，詹寧士隨老和尚行抵南華。二十三日，詹女士瞻禮了六祖眞身及其他南華勝蹟。即晉謁皈依，並受五戒。虛雲和尚為賜法名寬弘，並贈以老人所撰述之《禪宗要旨》一書，南華、雲門兩寺史志及老人法語等著作。

二十四日為舉行禪七開七，四山來瞻禮者甚眾。是日上午演習律儀，由維那師將每日應行功課，排成禪七二十四枝香，起字及修坐養息一覽表，逐一演習及解釋。

午後，七會正式開始，虛雲和尚起七，說偈曰：「十方同聚會，個個學無為。此是選佛場，心空及第歸。」偈畢依一覽表遞次舉行。

除每日行坐跑香養息外，老和尚亦有法語開示。禪七中每次開示及問答，皆賴顏世亮居士翻譯，譯者不濫一詞、不缺一義，恰到好處。以虛公說法之精深，而顏居士譯言詮釋之妙，使詹寧士以西方女士，而能領會圓宗，實乃一大勝緣矣！

※

詹寧士女士隨侍虛雲老和尚參學一月有餘，於禪法要旨心領神會，道行亦益加精進。時虛公門下弟子乞士（自民國三十七年夏，與了空上人一起離開曹溪趨雲門親近老人）曾晤詹女士，作如下對答，足見詹女士於禪宗之悟境。

乞士問：「大士遠來重洋，如此辛苦，爲的是什麼？」

詹寧士答：「爲學佛法。」

問：「學佛必須了脫生死，大士生死分上，畢竟如何？」

答：「本無生死，何用了脫。」

「既無生死，何必學佛？」

「本來無佛，學者是佛。」

「佛具三十二相，足指按地，海印發光，大士能否？」

「能與不能，皆是戲論。」

「大士妙解，言言諦當。雖然如是，說食不飽，畢竟一句，又作麼生？」

「畢竟無句，說亦本無。如不拉雜囉唆，沒得思量的覺性，他就是萬物之母。」

「箇事言之已詳，句句合祖意，惟知之一字，眾禍之門。大士既以解人，敢問離言絕句，如何是本來面目？」

「《金剛經》云：『阿耨多羅三藐三菩提，即非阿耨多羅三藐三菩提。』」

乞士曰：「也似是。但命根不斷，概屬知見，希望大士省發。」

詹寧士曰：「我看經機會少。前以閉關四年，出關後與人語，人皆謂我說佛法。我言非從經得，似不盡屬知見。」

乞曰：「不從經論，靜坐中得。闡發夙慧，夙慧亦是知見。」

詹問：「佛法重實證，不在知見，究竟如何？」

乞答：「不拘泥經論，不固執性相，頭頭是道，處處眞理，勉強說『這箇』亦是權。」

詹寧士女士欣然有所得。

※

禪七會既畢，詹寧士稟告老和尚；現今美國有佛教徒兩萬餘人，其中科學家爲數甚多。詹寧士本人在美國亦有隨學信徒二百餘人，因而懇求虛雲老和尚赴美國弘法。詹寧士再三懇求，均爲老人婉言謝絕，乃改請老和尚將《禪宗要旨》及老和尚法語，暨南華、雲門兩寺史蹟、並此舉辦禪七法會之經過，編印爲專刊，以便帶回美傳布。虛雲和尚乃接受其請，決定照辦（後於民國三十八年元旦日正式出版，定名爲《菩提流動月刊》）。老和尚隨即準備返回雲門山大覺禪寺。

按禪門五家中，雲門宗法較難。雲門的眼界高，教法也非常嚴肅。其教育法是「顧、鑑、咦！」而不直接談見、修、行。因而雲門宗出來的人才很了不起，但也很難得。因此，詹寧士居士以爲，「乳源雲門寺與西方佛法的傳統聯繫之南華寺更爲密切，且爲禪宗之過渡階段，有其十分重要的地位」。因而欲隨虛雲和尚赴雲門祖庭瞻禮。

隨行陪同人員及諸友以詹寧士為政府之客人，擬派兵護送女士一行。對此，詹寧士表示：「此次為達摩祖師之大法而來中國，且已許身佛門，千難萬險亦無所恐懼。」辭謝派兵護送一節，只是隨身攜帶少量行李及什物，追隨虛雲和尚步行至雲門。

在大覺禪寺禮文偃祖師，住半月後，於民國三十八年二月上旬，啓程返回美國。臨行前，詹寧士告訴虛雲老和尚及雲門大眾：「欲回美國興佛教，並擬於本年夏再度來華，率弟子前來依止虛雲老和尚。」言畢，與老人依依惜別。

在返美途中經滬上暫住佛門，與翻譯及陪同人員至上海圓明講堂參謁了名宿圓瑛老法師，與老法師及其高足明暘法師，滬上胡厚甫、方子潘、方楊聖援、陳無我等居士座談參學。然後即登輪離滬，返回美國加州故鄉。

詹寧士作為美國女士，一個神教徒的女兒，不遠萬里來華習禪，依止虛雲大師，並擬回美國弘揚佛法云云，此一行動在廣州及全國佛教界引起了極大的轟動。此舉即表明虛雲老和尚之德名及禪功，在當時的中國無與倫比、斐聲海內外，同時也開啓中美佛教文化交流之先河，實為中國近代佛教史及中外文化交流史上，不容忽視、意義深遠的一件大事。

第十章　雲門事變・詩僧開示不畏苦

虛雲和尚挺身而出，與之辯論，並向中共當局呼籲：「佛律祖規，不能改動。」他還向大會提交了數項議案：一、汰除迷信與外道渣滓，嚴格戒律清規，以增進大眾的信仰；二、闡發佛教教義和各宗精義，以明佛法真相；三、為圖謀自力更生，倡導計勞受酬，維佛門根本。

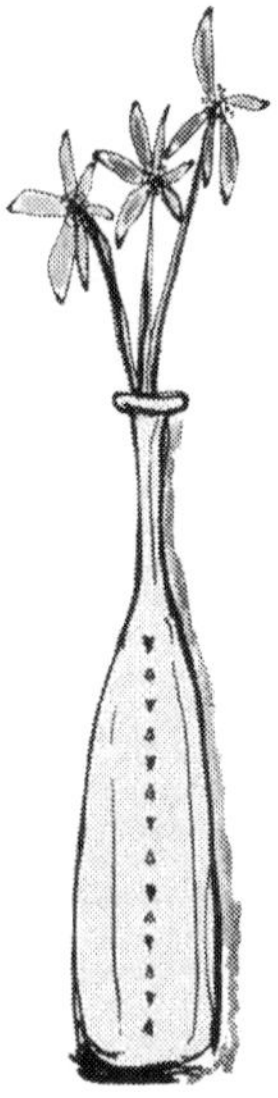

雲門事變

虛雲老和尚率領雲門大眾經過數年來的艱苦創業，至民國三十八年，雲門重建工程大體告竣。高達五丈的大雄寶殿居全寺之中央，前排殿宇為山門、天王殿、韋馱殿，後排梵宇有法堂、戒壇、藏經樓、祖堂（奉文偃祖師真身像）、方丈室、堂寮、廂房，另建有客堂、伽藍殿、雲水堂、香積廚、齋堂、庫房、功德堂、祖師殿等等，山門外鑿放生池，另建海會塔於寺西。共計建造殿堂閣寮廳樓等一百八十餘楹。

再經近一年左右的時間，裝修各殿堂內佛祖、菩薩、諸天、伽藍等大小聖像，鋪金布彩，設座供奉，使法相備極莊嚴。遠近善男信女，咸來雲門寺瞻禮，無不歡喜讚歎。

數年來，又由諸善信護法從各處請得經、律、論諸部，有妙雲比丘供養《大正藏》一部，陳寬培、何寬智供養《磧砂藏》、《續藏經》各一部，葉恭綽居士供養《大藏遺珍》一部，均安奉於藏經閣內，任由學人請閱學習。

然而，雲門大覺禪寺重建的歲月，正是國內局勢多變、戰爭頻繁的年代。自八年抗戰結束後，民國三十五年六月，國共和談破裂，全國內戰再次爆發。經過三年的戰爭，國民政府軍隊節節轉進。民國三十八年一月，北平守軍傅作義率部倒戈，隨即南京國民政府於二月四日南遷至廣州。四月，南京城被攻陷。十月十日，由中國共產黨領導的人民解放軍逼進廣州，國民政府代總統李宗仁宣布遷都重慶。十月十四日廣州再度失守。同月一日，中共領導人毛澤東在北平宣布中共政府成立，定都北京（即北平）。十二月九日，蔣介石率國民政府餘部遷往台灣。至此，國民黨政權正式退出大陸。

社會局勢急轉直下，在人們的心中也引起了巨大的震盪。虛雲和尚在國民政府內部的許多舊友也多有變化；李漢魂等移居海外，戴傳賢在重慶自殺，宗教界許多人士也避難海外及香港等地：只有陳銘樞、李濟深（是年十月當選爲中共中央人民政府副主席）及圓瑛法師等仍然留在大陸。

民國三十八年夏，虛雲和尚應請在香港弘法，爲佛堂開光，並在般若精舍講經。時老和尚在香港的眾多弟子都以爲，內地寺院不安全，勸其暫留香港弘法利生。

虛雲和尚信念堅定，絲毫不爲所動，說：「（香港）弘法自有其人。至於我本人，似另一種責任。以我個人言，去住本無所容心，惟內地寺院庵堂，現在杌陧不安，我倘留港，則內地數萬僧尼，少一人爲之聯繫護持，恐艱苦益甚，於我心有不安也。我必須回去。」

眾弟子無語。時有岑學呂寬賢居士問師曰：「世變至此，我將安適？」

老和尚沈吟顧視，慰之曰：「學道人隨處都是家鄉，放下便是道場。居士安心罷！」

虛雲和尚回到雲門後，繼續竟未竟之工程，守必守之戒律，而大覺禪寺仍有僧眾百餘人，鋤田摶飯，皆依師不去，且修業日益精勤篤實。

然而，政局急變，政權更替，使中國大陸的政治、經濟、文化及宗教等形勢及政策，也發生了重大的變革。中共建政伊始，實行了一系列對舊制的改革。

西元一九五〇年六月三十日，中共中央政府頒布《土地改革法》，實行了大規模的土地改革運動。規定：「徵收祠堂、廟宇、寺院等在農村中的土地及其公地，由鄉農會統一合理的分給無地、少地及缺乏其他生產資料的貧苦農民所有。」即將土地（包括一切寺產）收歸國有。

關於宗教政策，中共雖仍實行宗教信仰自由政策，但對原有的僧伽經濟舊制做了很大的變更，號召廣大僧人「生產自救」，自食其力，禁止僧侶「化緣」等等。

面對猝然劇變的社會環境，虛雲和尚深深感到；今後佛教要不被消滅，僧伽經濟必須在「勞動生產之條件下，自給自足以謀解決」。由於當時社會的政治變遷，經濟改革、社會發展、觀念更新，過去的僧伽經濟之來源——租息、募化、香火、經懺等，皆難以繼續依靠下去。

但虛雲和尚以爲：「今日時勢與往昔不同，然集體生產，平均分配，叢林早有斯議。一日不作，一日不食，百丈早樹良模。佛法世法，畢竟圓融，因時制宜，無礙權巧。」

因而於西元一九五〇年春季起，依中共政策，率先躬行，在大覺禪寺右邊荒地開辦「大覺農場」。並規定：「凡在大覺寺共住者，均須墾荒種糧，每人至少墾二十方丈，農具及種籽由寺常住供給。收穫時常住與每人平均分配之。」至次年夏，大覺農場墾荒成績甚佳，開墾糧田四十餘畝。同時，虛雲和尚還在韶關大鑑寺，開辦毛巾紡織工廠一所，以便取得僧伽經濟之新來源。

然而，由於當時世事驟變、人事全非，所謂：「大劫浩浩，心人未轉。」而雲門山湖自文偃祖師開山，迄今亦已千餘年。其間人才之消長、法運之盛衰、道場之興廢，不能不歸於佛所說的「時節因緣」。虛雲和尚重建南華竟，又積九年之功中興雲門。今雲門殿閣宏麗、供具莊嚴，修闢山場，持守戒律，圍繞者又數千僧矣。

虛雲老和尚以爲；當今之世，欲救人心，須弘揚佛法，「而欲轉法輪，尤須靠文字般若。文字的功用，在世法上成例至著。只如清末之《新民叢報》及……，其影響世運如何，可說是人皆盡知了。」

因而，虛雲和尚慮法門衰象，自民國三十八年起，就囑咐弟子釋惟心、釋妙雲、岑學呂居士等編撰《雲門山志》，俾使後人按籍而知名山之由來也。西元一九五一年三月，《山志》初稿竟，諸弟子分類編纂，最後由岑學呂居士爲增刪考證，次第點定。是著篇章有序，其體例與諸山史志稍異。尤爲重要者，書中第五篇第二章摘錄了虛雲禪師法語《參禪法要》、《坐禪須知》、《用心難易》諸篇，皆老和尚自性中流露出來的菁華，誠修禪之圭臬，度世之金針也。山志刊成後，由岑學呂居士爲之作序，敘述了該書之因緣。

不久，在虛雲老和尚的催促和幫助下，《圓音月刊》在廣州復刊。《圓音月刊》係民國三十六年在廣州創刊，湯瑛居士主編。該刊效法佛說《華嚴》「如日出光照高山」之旨，首先以高級知識分子爲對象，所刊內容多大乘理趣之作。書成，分贈全國各大學校和中外各文化團體。刊物一時風行長江、黃河流域各省。惜當時金融形勢動蕩，經費不支，支持到第十期後，於民國三十七年六月即告停頓。民國三十八年春以來，虛雲和尚曾多次催促湯覓筠居士復版，然因世事障礙、經費難籌，以致延宕到今，方才面世。復刊後，虛雲和尚爲撰《圓音月刊復刊弁言》，讚《圓音》乃佛門「廣長舌相」，亦爲佛學同道文字般若園地，「普願有情，同圓種智」。

爲續雲門法脈，重振祖庭宗風，西元一九五一年春，虛雲老和尚擬在雲門山大覺禪寺開壇傳戒。由於此乃雲門復興後第一次傳戒，全國各地聞訊前來求戒者甚眾。是時適值全大陸內開展「鎮反」（即鎮壓反革命）運動之始。有湖南籍某不良分子混入求戒者中，湖南公安部門循跡追至雲門，將其捉拿歸案。由此之故，遂引起乳源縣地方當局對雲門大覺禪寺新老僧眾產生懷疑，甚至誤以爲雲門藏有軍械、發電機。另外界還誤傳說，虛雲老和尚在雲門藏有金條數百兩、白銀數千兩。

於是，乳源縣當局於三月三十一日派出軍警百餘名，荷槍實彈，將雲門大覺禪寺團團圍住。寺之左右及後山高地，均架起機槍。當時全寺僧人計一百二十餘，正在齋堂用齋，被命令不許離座，並禁止一切人員出入。然後，將虛雲和尚拘禁於方丈室內，派數人看守；其餘眾僧分別被禁閉於禪堂及法堂內。一千軍警在寺內大行搜索；上自瓦蓋，下及地磚，佛祖聖像、法器經藏，一一仔細搜查，結果一無所獲。

接著，便將執事僧中稍有可疑者，次第叫出訊問。折騰了二日，無任何所得，遂將監院明空及執事僧惟心、悟慧、惟章、妙雲等拘去，施以嚴刑逼供。來人還將雲門寺內糧食、衣物及冊籍部所藏來往信札，和虛雲和尚近百年來之精注經籍、法語文字，盡用麻袋捆載而去。此即海內外佛教界盛傳一時的「辛卯雲門事變」的開始。

數日之內，雲門寺僧被拘者達二十六人，被施以種種酷刑，逼令供出軍械、電台及藏金處，皆說不知。結果，妙雲法師被活生生打死，悟雲、體智等多次遭受拷打，致使肢斷骨折，另有數僧失蹤。擾攘近十日，終無所獲，遂遷怒於方丈虛雲和尚。

先是於四月六日，虛雲和尚被移禁於另室，門封窗閉，絕其飲食，大小便均不許外出，日夜僅一燈，黯然有如地獄。四月八日，有十餘漢子闖入室中，逼令老和尚交出黃金、白銀、槍械，虛雲回答「無有」，竟遭其拷打。先是用木棒，繼之以鐵棍，打得老人頭面流血，肋骨折斷，還隨打隨問。

虛雲和尚見此夥人無禮至極，乾脆閉目不視，閉口不語，作趺坐入定狀。在金木交加而下，但聞噗噗有聲。連續四次毒打後，這夥人就將老和尚從榻上推翻在地，見其危殆之狀，以爲已死，遂呼嘯而出。監守人員亦隨之撤去。俟入夜，侍者法雲、寬純二人始得入室內探視，見老人倒於血泊中，乃將其扶坐於榻上，淨身並伺候湯藥。

四月十日，那夥人聽說虛雲和尚未死，又衝入室內，只見老人端坐入定如故，更加惱怒，復以大木棍毆打，並將虛雲拖下地，十餘人拳打腳踢，致使老人五竅流血，仆臥地上，以爲必死無疑，方一哄而去。

至夜晚，法雲、寬純二人復將老人抱於榻上，端坐如故。四月十五日晨，虛雲老和尚漸作吉祥臥，經一晝夜，全無動靜。侍者以手試其鼻孔，氣息全無，手脈亦停，以爲老人已經被打死。唯有體溫尚正常，面色亦怡然平靜，如平常一般。二人日夜守護在旁，不離一步，至次日晨，忽聽老和尚微微呻吟，並睜開眼睛。

侍者見師還活著，十分驚喜，立即扶師起坐，並告以入定及臥睡時間，已有八日整。

老和尚道：「我覺才數分鐘耳。」令法雲「速執筆爲我記之」，乃緩緩敘說神遊兜率天聽法事，「見彌勒菩薩在座上說法，聽者中有十餘人係宿識者，即江西海會寺志善和尚、天台山融鏡法師、岐山恆志和尚、百歲宮寶悟和尚、寶華山聖心和尚、讀體律師、金山觀心和尚及紫柏尊者等。余合掌致敬，彼等指余坐東邊頭序第三空位。阿難尊者當維那，與余座靠近。聽彌勒菩薩講『唯心識定』未竟，彌勒指余曰：『你回去。』余曰：『弟子業障深重，不願回去了。』彌勒曰：『你業緣未了，必須回去，以後再來。』遂受偈而歸。」

虛雲老和尚以一百一十二歲高齡，受此等酷刑，仍入定神遊兜率天，足見其禪定境界之甚深，非未證悟者所能代說也。

那夥強人目睹虛雲和尚屢打不倒，行爲奇特，乃相互耳語議論，漸生疑懼之心。其中一位頭目模樣的人悄聲問寺僧：「爲什麼那個老傢伙打不死呢？」

僧人答：「老和尚爲眾生受苦，爲你們消災。爲什麼打不死，久後你們自然會知道。」

該頭目聞之不覺悚然，從此再也不敢向虛雲和尚施以刑訊，而其餘禁閉於禪堂達十八日之久的百餘僧眾，亦稍稍得以寬待。

但因爲所圖未獲，更擔心洩漏風聲，故仍圍困全寺，並偵查搜檢。僧眾之間仍然不准說話、不准外出，連飲食仍受監視。如是者又過月餘。虛雲和尚因受毒打，傷痕併發，病勢日沈，目不能視，耳亦患重聽。

※

儘管圍山者嚴密封鎖消息，但「雲門事變」的風聲還是漸漸傳至韶州。五月，曲江大鑑寺僧人見情勢緊急，千方百計將虛雲老和尚遇險的消息，通知老人在京師及海外的眾弟子，設法營救。經過老人的眾弟子、在京的舊友及諸護法，在北京中共中央政府內多方斡旋、溝通，不久中共中央方面致電廣東省政府嚴查雲門一案。令甫下達，乳源縣地方當局對雲門之圍困始漸鬆懈。

虛雲和尚自身受摧殘，已不能進粥飯，唯日飲清水，當老和尚得知寺內備糧已劫掠一空，乃對眾弟子說：「老人業重，帶累各位。事至今日，似應分向各方，以求生續命。」

但眾僧皆不願離開老和尚。為生存計，眾僧乃向後山採伐柴薪，擔往二十餘里之外的集市上出售，將所得買米回寺，權作備糧。自此，雲門僧眾仍不輟朝課暮誦，上堂坐香。

六月二十七日，中共中央人民政府派專員數人至粵，會同廣東省人民政府人員，聯合組織調查組到達乳源縣。次日，調查組攜有關技術人員及錄音機、攝影機等抵達雲門寺進行實地調查處理。調查組成員先行慰問了虛雲和尚法體如何，是否受虐待，寺產損失如何等等，和尚均言：「無。」只是請求諸君確實調查，回京報告。調查組安慰再三，並飭令地方當局有關人員查明真相，並將拘捕僧人立即開釋。

至此，「辛卯雲門事變」方告結束。自三月三十一日至六月二十八日，前後達三月之久，其間倍歷艱危。在事變當中，由於中共的地方當局認為，雲門大覺禪寺全寺絕大多數僧人是「反革命」，甚至對在當時最為佛教界敬重的百歲老人虛雲和尚，施以種種無禮的酷刑，使老人身體受到嚴重摧殘。更令人痛惜的是，老人耽其一生精力所著之《楞嚴經玄要》、《圓覺經玄義》、《遺教經注釋》、《法華經略疏》、《心經解》等著作，以及大量珍貴的法語、詩文、往來信件等，均在此次事變中遺失。

一場事變，使清淨佛地頓為恐怖牢獄。事後虛雲門下弟子岑學呂居士在北京的友人，在致岑學呂函中，提到京中同門及諸護法為老人事奔走一節，云：「虛師事，公只知其概況，所以復安之故，可成一書，今亦未由奉告。」箇中情形，其曲折複雜可想而知。

虛雲和尚平生苦行，人皆知之，然其密行，卻從未示人。老和尚一生屢屢登壇說法開示，卻絕不喜人記錄其語。見必遂罵曰：「汝口不用，反記吾師，異時稗販我去。」常示門人：「說的都是空話，行的才是眞的。說的一尺，不如行的一寸。」所以平時言談，亦不輕易許學人記錄。

遭此一劫，虛雲不由得歎道：「定業也，吾今不復隱密也。」遂答應澄園等眾弟子的懇求，同意將自己的法語文字、事蹟回憶錄編輯出版，以防不測。將諸弟子記錄、老人口述一百多年來所憶及之事蹟，匯集為《年譜》草稿，並且將劫餘的老和尚法語、詩文、序跋等文字，交由在香港的弟子岑學呂負責編輯成冊。

岑學呂乃差集諸同人，分任校勘、考訂、附注，筆始於春初，簡徹於冬暮，撰成《虛雲和尚自述年譜初編》上下卷（自虛雲出生至民國三十八年冬止）；《虛雲和尚法彙初編》十卷。稿成後，由香港佛學書局印行。此後，二著陸續有所增補及再版。同時《雲門山志》亦刊行。在《雲門山志序》中，岑學呂居士依虛雲老和尚口述，將原書中所計老和尚年齡一百零六歲正為一百一十二歲。岑學呂居士於諸書編竟，又囑咐林遠凡居士將虛雲老人事跡重編錄鋅，在香港重印《虛雲和尚事蹟》（原刊於南華），俾使老人化導群迷之意，永久不墜。

「雲門事變」平息後，雲門山附近百餘鄉村的村民，聞聽雲門之圍已解，咸來大覺寺探望老和尚，以示慰問。而老和尚在海內外的弟子、友人鑑於此次事變，時有來函或來電殷勤勸慰老人，或致電地方有司予以多方照顧者；更有多方設法，以便虛雲和尚離開雲門者，虛雲和尚均一一謝絕。七月下旬，虛雲老和尚身體稍稍有所恢復，便抱病為遠道前來求戒者授三壇大戒。

據虛雲老和尚的入室弟子、由武昌三佛寺趕往雲門求戒、並親身經歷了此次事變的淨慧法師事後回憶，這次傳戒因「事變」之故，受戒人數不多，僅幾十人，且天氣炎熱，戒期也不長。但風息波平，人心安定，與會者深懷稀有之心，難遭之想，實非平時傳戒法會所能匹擬也。戒期後，虛雲和尚繼續休息。而雲門僧眾百人主要依賴採樵耕植及手工藝度日，共守雲門，依師不去。

籌建中國佛教協會

虛雲

內戰結束之後，百廢待興，佛教界也是一樣。繼民國初年中華佛教總會，成立全國性統一的佛教組織，已是當務之急。

按中華佛教總會自民國七年，被段祺瑞控制的北京政府明令取消以後，直至民國十八年，由太虛法師等佛教界有識之士，發起成立了中國佛教會。圓瑛法師當選為佛教會主席。不久又成立了以太虛為理事長的中國佛教會。在兩會的積極努力下，民國二十年五月的國民會議上，通過了由太虛和班禪九世提出的保護佛教案。南京政府不久就公布了維護寺產的訓令，第二次「廟產興學」之風遂告平息。但此後，佛教內部以太虛法師為代表的激進派，和以圓瑛法師為代表的溫和派的意見分歧，致使佛教會一直處於分裂狀態。

抗戰爆發後，中國佛教會號召全國僧徒投身抗戰救國活動、救護傷兵、賑濟難民。佛教會的領導機構又分設於重慶、上海兩地，實際上使佛教會組織工作在整體上削弱，民國二十九年以後更是陷入癱瘓。抗戰勝利後，國民政府內政與社會部發布

《依法組織中國佛教整理委員會》訓令，指定太虛、章嘉、虛雲、圓瑛、昌圓、全朗、李子寬、屈文六、黃慶瀾爲委員，太虛、章嘉、李子寬爲常務。經過長時期的準備與籌畫，民國三十八年五月，重新組建的中國佛教會第一次代表大會，終於在南京毗盧寺召開。但好景不長，由於時局急劇變化，中佛會重又陷入分崩離析之境。

西元一九五二年初，中共中央人民政府中央統戰部部長李維漢召集趙樸初居士、巨贊法師等在京的佛教界人士，協商組建中國佛教協會。趙樸初居士原就讀於東吳大學文科，三〇年代初曾任中國佛教會秘書。民國二十五年他還發起成立中華佛教護國和平會。西元一九四九年代表佛教界，出席中共人民政治協商會議第一屆全體會議。

巨贊法師是在抗日戰爭時期，以一個大學生披剃爲僧，在湖南廣西一帶積極從事抗日救亡運動，曾在南嶽組織「南嶽佛道救難協會」，後又組成「佛教青年服務團」。他才華橫溢，頗受當時一大批愛國文化名人的讚賞。趙樸初居士、巨贊法師等受命與虛雲法師、圓瑛法師等國內佛門大德多次函電往復，磋商成立中國佛教協會的籌備事宜。

西元一九五二年五、六月間，中國佛教協會籌備處在北京廣濟寺成立，趙樸初居士爲籌備處主任。並決定於本年十月份，乘「亞洲及太平洋區域和平會議」在北京舉行之際，召開中國佛教籌備會議（即發起人會議），確定正式成立中國佛協的有關事項。

因而，自是年初至四月之間，先後四次致電廣東乳源雲門山大覺禪寺虛雲法師，催請老和尚北行蒞京議事。北京方面還委派專人至雲門山迎接虛雲和尚。在屢屢接到來電催請之後，虛雲對眾弟子說：「時機至矣！今日全國僧伽，各兢兢自守，乏人提領，如一盤散沙。倘不團結，成立一有力量之機構，則其事變恐不只一雲門也。我爲佛法故，義當北行。」

時虛雲和尚已一百一十三高齡，猶不顧年邁體衰，毅然決定北行蒞會。在安頓好寺內一切事務，委託寺中老成持重者代理護院時，行將啓程，環顧寺景，心中感觸，即興手一聯：

坐閱五帝四朝
受盡九磨十難
不覺滄桑幾度
受盡九磨十難
了知世事無常

西元一九五二年四月二十七日，虛雲和尚攜弟子佛源、覺民、寬度、法門，在護送人員陪同下啓程北上。是日，雲門附近各鄉村民眾，自動前來爲老人送行者達數百人。抵韶州，早有地方有關人士及老和尚皈依弟子等逾千人在郊外候迎，送往大鑑寺。在此住數日，前來參老和尚者絡繹不絕，致途爲之塞。五月三日，虛雲和尚一行乘粵漢火車北行，次日抵達武昌，在黃鶴樓畔的三佛寺住下。由於沿途勞頓，加之創瘡初癒，虛雲和尚復又病倒，遂在三佛寺臥床休息。

時在京的虛雲和尚舊友、擔任中共中央人民政府副主席、全國政治協商會議副主席的李濟深及巨贊法師等，聞訊後甚爲掛念，特地委託在武漢的陳銘樞（眞如）居士轉贈人民幣五十萬元，以佐將養之用。陳眞如居士還將各方寄給虛雲和尚之信函等件轉交給老和尚，且往返操勞、護持照應。三佛寺住持大鑫和尚亦盡東道主之誼，悉心照料老人醫藥飲食等。

雲門大覺禪寺長老聞訊後，亦委派原三佛寺弟子淨慧等返回武昌，協助佛源等伺候老人湯藥。蒙多方照料，老人得以起居復常，不久病體稍癒，即應大鑫和尚請，爲三佛寺建觀音七會。四方善信聞訊皈依者達二千餘人。虛雲和尚雖在病中，但對眾多趨座前請法者，仍以無礙辯才，觀機逗教，應病與藥，抱疾開示，起悟群迷。

當時有一老人名汪青雲，亦隨眾皈依（後於西元一九五六年披剃出家，法名寬青，號佈雲）。七月二十七日，汪青雲趨虛雲老和尚座前請法，問：「釋迦牟尼佛在靈山會上拈花示眾，迦葉尊者破顏微笑，旨意如何？」

老人默默不語，只是舉右手所執芭蕉扇，豎對其面部。

汪青雲見狀尋詞語絕，無言以對，只是寂然微笑。

老和尚說：「汝笑便是。」又問：「雖然如是，怎奈業識茫茫，隨時應物，仍難作主？」老人示日；「情不附物，物豈礙人？」寥寥八字，使汪居士頓然悟旨。

三佛寺法事畢，應全寺大眾請，老和尚在此留影，以誌紀念，並題詩一首，云：

業風吹送到武昌，老病馳驅累眾忙。
三月淹留三佛寺，一場災難一惝惶。
無心欲跨樓頭鶴，有願同登選佛場。
尚想玉泉關壯繆，能於言下悟眞常。

九月十六日，虛雲和尚師徒乘京漢鐵路火車繼續北行，次日下午四點抵達北京。李濟深、葉恭綽居士（西元一九五〇年由香港回到北京）、陳銘樞居士及在京的諸山長老、居士林及各團體代表等，在火車站迎接老和尚一行，並導送至地安門外鴉兒胡同的廣化寺駐錫。旋以來參謁者甚眾，而廣化寺狹窄擁擠，移住西城廣濟寺大剎。九月二十三日，圓瑛老法師亦由滬抵京。二十五日上午，北京佛教界在廣濟寺舉行盛大歡迎法會，熱烈歡迎虛雲法師、圓瑛法師兩位當時中國佛教界之僅存碩果進京弘法。

九月二十六日至十月二日，爲擁護亞太區域和平會議在北京召開，北京佛教界在廣濟寺舉行祝願世界和平法會，恭請一百一十三歲高齡的虛雲和尚主壇，圓瑛法師、巨贊法師爲副主壇。法會期間，出席亞太和會的錫蘭（斯里蘭卡）代表團團長達馬拉塔納法師，擬向即將成立的中國佛教協會贈送佛舍利、貝葉經和菩提樹三件寶物，贈送典禮訂於十月一日在廣濟寺舉行，將由虛雲和尚代表中國佛教徒，接受錫蘭佛教界贈送的三寶。

廣濟寺內氣氛莊嚴而又隆重，出席亞太區域和平會議的代表，以及全國各地諸山長老，皆蒞臨典禮儀式。先由巨贊法師、聖泉法師、趙樸初居士等乘禮車、備香花往錫蘭代表團下榻處迎請。當禮車載著錫蘭友人及三寶法物緩緩回到廣濟寺時，寺內鐘鼓齊鳴，四眾弟子二千餘人，在殿前列序恭迎。

達馬拉塔納法師將諸法寶置於供案前，虛雲和尚出而受之，並致謝詞。大意是，佛教是沒有國界的，希望全世界的佛教徒，團結在「三寶」的慈悲智慧之中，爲人類的永久和平而貢獻出自己的一切。

十一月十五日，中國佛教協會籌備會議暨發起人會議，在北京廣濟寺召開。陳銘樞、葉恭綽、圓瑛、能海、虛雲、呂澂、趙樸初、周叔迦等十二人參加了會議。會議詳細研究討論了中國佛教協會的宗旨、任務和組織形式等事宜。會議依照中共政府的指示意見，新成立的中國佛教協將不分區域種類，包括全國各少數民族及各地的佛教界，以加強各地、各族佛教徒之間的聯繫。會議決定於明年春夏間，在北京舉行正式的成立典禮。

會上，眾人皆推請德高臘長的虛雲和尚為中國佛教協會會長。但老和尚以年老體衰堅辭之，結果圓瑛老法師被推爲會長。虛雲和尚仍被舉爲中國佛教協會首席發起人。

虛雲和尚抵北京、並在北京的一系列法事活動，引起了北京社會各界的廣泛注意。各界善信僧俗前往老和尚下榻處參訪者不斷。當時，人們最關心的是老人的健康、具體年齡，以及對中共政府宗教政策的態度等問題。

特別是關於虛雲的年齡，在當時有種種傳說，有說一百三十歲，有說一百一十七歲，有說一百零三歲，有說九十七歲。就連一些曾經見識過虛雲的人也不太清楚。因爲虛雲從前很少對人說起此事。其實，虛雲並非不肯說明，當人們一提到他的年齡，便說：「我是道光二十年（庚子）七月三十日午時出生的。」老和尚究竟有多少年齡，一推算便知。

虛雲和尚還對訪問他的人談了目前的感想和意見，說：「我的意見，首先希望佛教徒要遵守國家法律；其次希望政府幫助佛教徒整理教規，希望出家人要團結合作，不要你搞你的，我搞我的。要參加勞動生產，為和平事業盡力量，因為佛教向來是主張和平的。」

虛雲還希望儘早成立中國佛教協會，建議中共政府培修寺廟。老人還告誡青年人；他自己年輕時到處遊方參道，東南西北，四山五嶽，乃至飄流海外，有時一天要走幾百里路。但現在形勢變了，社會在發展。他不希望現在的僧人也去遊方訪道，這樣會浪費寶貴的時光。

針對當時佛教界混亂的狀態，虛雲和尚還代表全體佛教徒，上書中共政府，建議儘快頒布《政協共同綱領》，明示人民的宗教信仰自由，對於佛教寺院之保存及管理，希望急於救援施行者有：「一、無論何地，不許再拆寺院毀像焚經；二、不許強迫僧尼還俗；三、寺產收歸公有後，仍按僧數配給田畝若干，使僧人得以自行耕植或扶助生產事業。」因虛雲德高望重，又係湘人，而代表中共當局方面負責佛協及有關宗教事務的中共中央統戰部長李維漢及中共當局諸領導，亦多係湘籍同鄉；加之虛雲和尚在滇、閩、粵時的舊友、弟子及諸護法，如李濟深、李根源、陳銘樞、朱長松等的努力協助，諸事進展較爲順利，一些建議也得到中共當局准許。

虛雲老和尚在京期間，北京佛教界及諸山長老、有關團體多次懇請老和尚留在北京，住持廣濟寺。老人以老病堅辭不就。

※

西元一九五二年十二月十二日，「世界和平大會」將在奧地利維也納舉行。中共中央人民政府派遣能海上師出席該會。同時，圓瑛法師（時已回到上海）等在上海佛教界發起於世界和平大會召開之日，在上海玉佛寺舉辦祝願世界和平大法會。諸長老商議，一致要求禮請虛雲法師蒞滬主法。於是委派上海佛教青年會理事長方子藩居士爲代表，赴京迎請虛雲老和尚。虛雲和尚以作爲一個虔誠的佛教徒的、渴望和平的眞誠迫切之願，義不容辭，應允赴滬。

十二月九日，虛雲和尚告別了北京佛教界諸同仁及護法，離開北京，乘火車南下。十一日下午六點多鐘抵達上海北站時，早已在站上迎候的由上海佛教界組織的百餘人的歡迎隊伍執旗獻花，齊誦佛號，表示熱烈歡迎。是時在站內候車的往來旅客不下千餘人，見此情形，亦不油然而然的鼓掌歡迎，繼而隨歡迎隊伍同聲念佛。現場氣氛莊嚴而又熱烈，令虛雲老和尚頗爲感動。

虛雲和尚被迎請至玉佛寺住下後，與此次法會的舉辦者商定；法會爲期四十九天，由虛雲和尚主壇，並請圓瑛、應慈、靜權、持松、妙眞、大悲、如山、守培、清定、葦舫十位大法師蒞會主各經壇，另請修持法事法師共七十二人。法會定於十二月十二日開始，至次年（西元一九五三年）一月二十八日結束。

此次法會爲上海佛教界自民國二十五年，印光大師蒞滬主持丙子息災法會以來，規模最大的一次。當這一消息在上海《新聞日報》、《大公報》上披露以後，全國各地包括邊遠的湘鄂等省信眾，亦慕名遠道前來赴會，並欲一睹一百一十三歲的虛雲和尚、這位當代中國佛教界第一位高僧之法相。

十二月十二日，法會開幕日，主壇場玉佛寺內外人山人海，足有五、六千人之眾。除了虛雲和尚、十大法師及諸修持法事七十二法師出席法會之外，與虛雲和尚闊別近二十餘年、現在蘇州穹窿山結茅的八十一歲的高鶴年老居士、教育界名人蔣維喬、簡玉階、張子廉、尹石公居士及趙樸初居士等，亦蒞臨法會開幕典禮：虛雲和尚在開幕式上做了《祝願世界和平法會》的開幕詞。

法會期間，虛雲和尚除入壇主法外，爲滿足廣大信眾之願望，特地安排每周一、

三、五上午在玉佛寺大殿前與廣大信眾見面。每逢會見的日子，八點多鐘，大殿前就站滿了數千人。當老和尚步出大殿時，全場均報之一片如雷鳴的掌聲。老和尚的開示也很簡單，他告訴大家：「諸惡莫作，眾善奉行，老實念佛，保證和平。」而每日排隊報名求皈依者以數千乃至萬計。因爲人數眾多，法會的主辦者分設十席以辦理報名、登記、分班、給牒等事宜。

趙樸初居士見來客太多，恐虛老過於疲勞乃致生病，便請滬上名醫爲之診斷。診斷結果卻出人意料；醫生說他從來沒有診過這樣的脈，老人不僅沒有病，且其脈爲純陽脈。近來，老人之脫落牙齒復生，已出新牙六顆，實乃一奇蹟也。

此次法會所得淨資、募金，計有六億七千六百餘萬。諸信眾贈予老人個人的果金等等，盡皆交給法會，絲毫未取。法會支出三億餘，結存款項有三億餘（按當時幣值，約合港幣七萬餘元）。

法會主辦者皆議依請虛雲老和尚之意見支配之。老和尚經與眾人商議，決定將此項餘款盡數撥給全國各山道場供養；計分給四大名山（普陀山、五台山、九華山、峨眉山）、八大名刹（寧波天童寺、寧波阿育王寺、揚州高旻寺、蘇州靈農山、福州鼓山、寧波觀宗講寺、寧波七塔寺、福州地藏寺）以及全國各大小寺院二五六處。

※

啓建法會道場圓滿結束以後，虛雲和尚本欲打算離滬回粵。然而上海緇素諸眾以爲勝會難逢，懇請老和尚留此多住一段時間。因玉佛寺有向禪堂之設，住持葦舫和尚以爲宜乘此良機，重興禪制，乃偕簡玉階居士及李思浩、趙樸初、李乙尊、方子藩、胡厚甫、張子廉、鍾慧成、李經緯、祝華平眾居士，一再請求虛老和尚在此舉行禪七，慈悲法施以滿足眾願。老人遂許眾請，於西元一九五三年二月二十二日起爲主禪七。至二月二十八日，初七圓滿後，眾人猶以爲未飲法味，請繼續一七。復於三月一日起次七，至三月八日圓滿結束。

二次禪七中，虛雲和尚每天入堂開示，其所講由月耀、佛源等弟子記錄整理，編成《虛雲和尚禪七開示錄》，由玉佛寺常住捐資印行，出版流通（是著後被收入《年譜》附錄），以饗諸方向道。

虛雲和尚此次蒞滬主法，在上海社會各界亦引起了廣泛的迴響。滬上各種報刊、雜誌等新聞媒體，紛紛刊載報導法會盛況，特別是對虛雲老和尚的印象及其傳奇式的人生經歷。因虛雲和尚在世界和平大會召開之際，屢屢主持和平法會並發表相關言論，故人們尊稱這位當代中國第一高僧爲「世界和平老人」。

聖璞法師的〈虛雲大師印象記〉、蔣維喬居士的《謁虛雲大師》、溫光熹居士的〈大人榜樣〉、大照法師的〈慈悲心願菜根香〉、劉瞻明〈滔天一筏之虛雲大師〉，開眼的〈我領受了虛雲老和尚的當頭棒喝〉以及釋覺民〈關於虛雲老和尚的一般情況〉等文章，以充滿激情的語言和恭敬虔誠的心情，敘述了參謁老和尚的印象和感觸，以及聆聽老人開示後的體會。

由於《虛雲和尚年譜》及《虛雲和尚法彙》的出版流通，虛雲和尚的禱文亦受到有識之士的好評與鑑賞。在《法彙》中收入有老人所作的詩謁三九〇餘首，其中七言最多，五言次之，讚偈亦有三言或四言的。虛雲的詩作也引起了上海詩界的迴響。王世昭在〈記虛雲和尚及其詩〉一文中認爲：「虛雲和尚之詩精神所宗，亦不在詩，故詩轉成和尚瞋喜之間的遊戲，修持之後的微呻，成詩在無意之時，得句在即興之外，故不求至而自至，不求工而自工」。例如〈還鼓山訪古月師〉寫道：

卅載他鄉客，一笻故國春。
寒煙籠細雨，疏竹伴幽人。
乍見疑爲夢，深談倍覺親。
可堪良夜月，絮絮話前因。

如此不食人間煙火而又人情味極濃的創作，即使置於唐宋之間的大家之作當中，亦絲毫不顯遜色。像這樣的上品之作，在《法彙》中俯拾皆是。虛雲和尚是中國詩史上少有的長壽詩僧。

王世昭還認爲，老和尚「以苦行爲至樂，以一身拜佛爲至榮，百年如一日，這在中國高僧史上也是少有的；其足跡遍及中國名山，朝禮五印，折而至南洋群島，其平生行跡合晉之法顯法師、唐之玄奘法師、明之徐霞客而爲一人，此又爲中國地理學史上之無。」可說是，王世昭此文，以恭敬而又客觀平實的語句，對虛雲和尚的詩作及其生平，作了恰當的總結和評價。

※

虛雲和尚在滬弘法期間，全國各地的佛教團體、諸山名剎紛紛來函或派員至滬，懇請老和尚往各處主法。在虛雲的故鄉，湖南省佛教界曾聯名屢屢函請老和尚返籍。雖然虛雲本人亦久有此意，但以因緣未至，終未能成行。

不久，因杭州大規模修復禪宗名剎靈隱寺，杭州市佛教界趁此機會，發起啓建杭州市佛教界祝願世界和平法會，派杜偉居士爲代表來滬，並請趙樸初居士出面，共同邀請虛雲和尚蒞臨杭州主持法會。虛雲和尚以數年前靈隱寺常住及護法曾禮請其往杭復興靈隱，因故未果，此番邀請，義屬難辭。於是不顧連續的勞累奔波，於西元一九五二年四月二日攜弟子離滬赴杭，在淨慈寺主法。其時，又有數千信眾皈依老和尙門下。

法會結束後，虛雲和尙謝絕杭州佛教界挽留住持靈隱之請求，旋赴蘇州，應靈巖山妙眞和尙、無礙法師之請，在西園啓建並主持水陸息災法會。事畢，在妙眞和尙等陪同下遊覽虎丘山，欲禮紹隆祖塔。虎丘紹隆禪師爲臨濟正宗之後，南宋圜悟克勤禪師嫡嗣。

紹隆禪師於紹興六年（西元一一三六年）圓寂後，後人於虎丘山之陽建塔供奉。今虛雲和尙爲臨濟正傳法裔，來此尋祖瞻禮，但見塔院舊址已被地方所占，而塔碑塔銘，無一留存。

老和尙回憶起，在光緒年間，在江浙一帶遊學參訪時，曾數度來此瞻禮祖塔，舊時景象，歷歷在目。如今歲月滄桑，時移境遷，不禁令人痛惜。於是虛雲和尙商諸當地士紳及蘇滬諸大護法，發起捐款，依舊址重建祖塔，並請妙眞和尙及虎丘楚光和尙董理其事。經眾護法的齊心協力，一月以後，新塔落成，並重刻宋代徐林所撰之（臨濟正傳虎丘紹隆禪師碑）。虛雲和尙於碑文末附識，誌其因緣，鐫刻於石。

在遊覽了蘇州半塘壽聖寺，朝禮元善繼禪師塔院，觀血書《華嚴經》，及宋濂製贊文和其他碑文古蹟之後，又應邀赴南通狼山主建水陸法會道場。皈依者復數千人。西元一九五三年四月二十八日，法會畢，虛雲和尙一行返回上海玉佛寺。

五月中旬，虛雲和尚在上海接到北京來電催請赴京，出席中國佛教協會正式成立大會。於是，虛雲和尚攜弟子佛源等再次北上，仍住廣濟寺。時各省佛教界代表亦陸續到達北京。五月三十日，大會正式開幕。各省佛教徒（僧尼、居士）代表一百二十一人，代表漢、藏、蒙、傣、滿、苗、維吾爾等七個民族的佛教信徒出席會議。

會前，全體代表舉行集體祈願，祈佛加被，儀式莊嚴隆重。會議由喜饒嘉錯大師致開幕詞，趙樸初居士作報告。會議確定中國佛協的宗旨，正式宣布中國佛教協會成立，並產生了佛協理事會和常務理事會。結果，圓瑛法師（因病缺席，仍留在上海。不久即歸老於寧波天童寺，九月十八日於此圓寂）當選爲會長，趙樸初、喜饒嘉錯、公德林、晉美吉村、能海、噶喇藏、祜巴、阿旺嘉錯等七人爲副會長，趙樸初還兼任秘書長。

虛雲和尚以及達賴喇嘛、班禪額爾德尼、查幹葛根四人被禮請爲名譽會長。虛雲和尚在會中還就中國佛協的正式成立發表感想，謂此會是「佛教界的一件大事，也可說是我國自有佛教以來的一件大事，因爲這是我國各地區、各民族佛教徒的大團結」。

但在會議上，竟有少數自稱是佛教徒者竟然提議：「（佛）教中《梵網經》、

《四分律》、《百丈清規》這些典章，害死了許多青年男女，應該取消！」又說：「大領衣服是漢人俗服，不是僧服，現在僧人應當要改革，不准穿，就是保守封建制度。」還說：「信教自由，僧娶尼嫁，飲酒食肉，都應自由，誰也不能管……。」諸如此類等等。

虛雲和尚挺身而出，與之辯論，並向中共當局呼籲：「佛律祖規，不能改動。」他還向大會提交了數項議案：一、汰除迷信與外道渣滓，嚴格戒律清規，以增進大眾的信仰；二、闡發佛教教義和各宗精義，以明佛法眞相；三、爲圖謀自力更生，倡導計勞受酬，維佛門根本。

諸提案經審查後，被交由理事會參考。而虛雲和尚的「保留佛制」等呼籲和主張，也在李任潮諸公及護法的干預下，獲得中共當局的讚同。

在大會議決各項要案後，虛雲和尚不及會議閉幕，便請假離京，攜弟子西行，擬往山西參禮大同雲岡石佛等佛蹟名勝。

第十一章 百歲僧臘・但教群迷登覺岸

坡老崇佛夙願深，尋山問水去來今。
青溪橋畔談心石，談到無心石有心。
昔日金山留玉帶，鈍機偶滯故緣情。
雲來卷出談心石，為築溪橋記姓名。

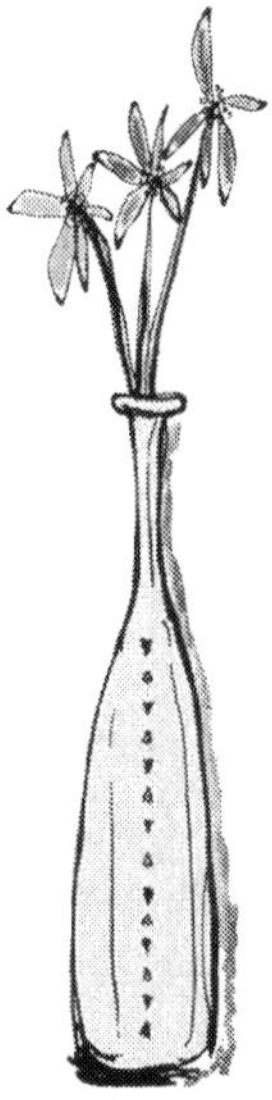

重建雲居山

虛雲

西元一九五三年六月，虛雲和尚攜弟子佛源等離京西行，朝禮了山西雲岡石窟後，即遵中共當局的安排，擬南下往江西廬山避暑休養。道經武昌時，老和尚以離粵之後，雲門無人提領，見弟子佛源法師爲人持重，能辦大事，慧眼識人，乃促其速返雲門，以雲門祖庭事託付之。是年六月初之韋馱聖誕日（西元一九五三年七月十三日），佛源法師即遵師命陞座爲雲門住持。佛源和尚繼承雲門法席後，承繼和發揚虛雲老和尚道風，率領大覺禪寺常住，繼續完成祖殿修建及海會塔諸項工程。承百丈家風，大辦農場，農禪並進。

虛雲和尚在武昌住保通寺，並應住持源成和尚之請，在此主禪七二周。法事畢即取道入廬山，到達廬山時，在此候駕多時的陳銘樞居士，迎請老和尚暫憩大林寺。

老人在大林寺住下後，即有在廬山小天池附近結茅潛修的果一法師，趨座前親近老和尚，並陪同虛雲先後往九江能仁寺、廬山東林寺、靖安寶峰寺等處禮祖拜佛。老人在廬山駐錫消息傳開後，陸續有全國各地名山之善信前來親近，拜謁求法。

七月份，有數位來自江西雲居山的禪僧入山參謁老和尚。雲居山居廬山之東，屬永修縣轄。山中層巒疊嶂，望若插霄，及躡頂登山，復為平地，群峰環抱，若天然城廓，歷來為風景絕佳之名勝，亦為歷代禪宗較為興盛之道場也。自唐憲宗元和初年（西元八〇六年），道容禪師來此開山，道膺禪師繼之演法，燈燈相續。其後齊禪師、融禪師、老夫舜、佛印了元、圜悟克勤、大慧宗杲等皆曾住持該寺，其中載於《傳燈錄》的就有四十八人。而過化者則有趙州從諗、雲門文偃、古塔王、洞山聰、圓通秀、眞淨文等；居士中如白居易、皮日休、蘇東坡、黃山谷、秦少游、呂居仁等皆曾來此遊歷。

因此，雲居宗風一度被推為「甲於江左」。蘇軾也曾撰文稱該山「冠絕聖境，大士所廬」。據《雲居山志》記載，僅歷代敕建的寺院建築就有一百多處，皆為紺宇琳宮，極其雄偉莊嚴。眞如寺乃山中首剎。可惜的是，歷經元明清各代，滄桑變遷，山中殿宇屢遭破壞，法幢廢墜。民國初年以來，有本來和尚、淨塵和尚、昌桂法師等來山住持，有所建樹。之後，便非叢林規模。

虛雲和尚向屢念及此山，故而詢問來參謁的數雲居禪僧，雲居山近來狀況如何？當虛雲和尚得知；在抗戰時期，日寇入侵中原，見此山險峻雄奇，易於藏遊兵，遂於民國二十八年三月十九日縱火將眞如寺全部焚毀，僅存千佛寶蓮，盧舍那大銅佛像及監齋像、觀音聖像各一尊，獨自坐於荒煙漫草之中。

蜀僧性福法師等（民國十年來山）於烽火廢墟之中壘復大寮三間，住十三人。如今更為零落，只餘四人。而且，地方有關部門又擬將雲居闢為農場。大好雲居，如今一敗塗地，使老和尚惻然神傷。因念前哲諸師，無人繼起，倘不復興，行將湮沒，老和尚乃志存匡復，發心重建雲居道場。

虛雲和尚請准江西省及永修縣中共政府當局之後，於西元一九五三年八月十四日，在祝華平居士及中共政府諸派員的陪同下，由牯嶺下廬山，奔赴雲居山。到達雲居後，老和尚目睹眞如寺破敗景象，不禁又觸動心志，淚如泉湧。遂在雲居山五老峰下修葺一破牛棚，棲身其中。

虛雲和尚結茅雲居，與性福等四人同住，仍以性福法師為眞如寺住持，果一法師為副寺，初意在保守古蹟，並發願做好三件事：第一，將露天銅佛聖像安供於寺內；第二，集合有志之佛教徒墾荒生產；第三，在耕作建設之餘暇，參究禪法。老人的悲願，很快得到諸方同道的發心支持。各處比丘尼紛至沓來，自願追隨老和尚，復興雲居祖庭。

不到半年的時間，聚集於雲居山虛雲老和尚周圍的四方衲子就達百數十人。虛雲和尚在雲門、廣州等處的入室弟子、比丘尼多人亦不遠千里，舟車水陸，循蹤而至，意欲繼續隨侍老人左右。雲居山人員既多，食宿愈顯困難，幸得上海護法簡玉階居士發心施資施糧，方使雲居大眾度過是年寒冬，並且奠定了修建及開田初基。

在國內外僧俗道友的資助下，自西元一九五四年春起，重建雲居山眞如寺的諸項工程，得以陸續展開。虛雲和尚與諸護法共同商議雲居重建規畫之後，就一面組織僧眾實行農禪生活，開荒種糧，植樹造林，一面籌集資金修復殿堂，以安僧眾。雲居山所有僧眾均被分為修建與農墾二部分，每日白天生產勞作，早晚則齊集課誦修禪。每逢農曆五、十日則學習政治時事，冬夏則舉禪七安居，確實貫徹生產、修持二不誤的原則。

一年內即新建法堂一幢，上層作藏經樓，置《磧砂》、《頻伽》等藏經，並供毗盧佛；本年春四月十二日，發掘大銅佛下地宮中所得之青石碑三塊（其一為南宋紹興年間，法如禪師所刊之〈雲居山眞如禪院重建大佛寶殿地宮銘〉，另二塊為明萬曆年間洪斷禪師記文二章及詩數首）、石盒一函（中藏雲居山鎮座法寶諸物）被安於佛座之下，銅彌勒佛像一座及玉章一枚以保存而銘敬意。法堂下層築法台、戒壇，供釋迦佛，掛溈仰宗鐘板，於中上殿、坐香、布薩、安居。鑄造大銅爐鐵鍋、銅鐘、報鐘及各種法器什物多件。僧寮、窯廠、廁所諸樓亦次第落成。但此時虛雲老和尚仍住舊牛棚中。

是年十二月初，所住茅蓬不巧遇火遭焚。眾人皆勸老和尚移住新建樓房內。老和尚卻說：「我愛其（指牛棚）古雅也。」不願離去，令眾弟子縛茅樹竹，照原樣重建成並仍居住其中。

不久，當南華寺方丈本煥法師、香港太平蓮社比丘尼寬定等老和尚在粵港的諸弟子，抵雲居山茅蓬禮謁虛雲和尚時，老人還親自削切竹禪板數具，然後磨光，擇而題名贈予來者，以勵其禪修，精進不止。

是年，雲居開墾組亦墾荒數十畝，種糧自給，儼然百丈風規！而老和尚並不以一百一十五歲高齡而稍圖安逸，親自指導督建諸事，事必躬親，終於是年底（臘月）又感風寒臥病，遂往南昌省醫院診治。在名醫師悉心診治下，不久即告痊癒，於西元一九五五年正月安返雲居。

※

西元一九五四年冬，北京屢有電至，聘師北行，時值虛雲和尚臥病及雲居重建事急，卻而未行。七月十二日，北京中國佛教協會再次來電催請，然而虛雲和尚以「老病相逼，耳患重聽，口訥微言」、「兼以荒山住僧近百，大小問題均賴雲解決，一旦遠行，勢將星散，則大好雲居，重見湮沒」爲由卻行。

西元一九五五年八月十六日至三十一日，中國佛協第二次理事擴大會議在北京召開。虛雲和尚未能出席，但對此次理事擴大會議的諸項議程作了認眞思考，寫成〈雲居管見〉一文（後發表於《現代佛學》西元一九五五年第九期）。在該文中，虛雲和尚對當代中國的佛教弟子應如何適應時代的問題，發表了自己的意見。老和尚表示強烈反對那些倡導毀戒改制的偏激之論，但自己也並非就是固守陳規、泥古不化。

他認爲：「佛弟子的日常生活、衣食住等有可以權變的，惟三學思想——即戒定慧——等等理論不能改動。中國千餘年來佛弟子衣食住等制度與印度制度大不相同。既然時間、地點、條件都變了，則佛教中的若干生活習慣也應因時制宜。」

老和尚還以極其愉快的心情，期待著這次會議通過成立中國佛學院的決議，俟「佛學院一成立，就可根據這次會議所通過的決議，精研教理，努力修持，以造就弘法人材」。並以爲籌辦中國佛學院，「最好能由各地推舉，或由中國佛協邀請各宗巨匠來京，共同研學」。

此次佛協理事會議，如期通過了成立中國佛學院的決議，並於次年在北京法源寺創辦，喜饒嘉錯大師擔任首任院長。

西元一九五五年上半年，老和尚率領雲居大眾在墾殖建築的同時，還著手修撰《雲居山志》。據住持性福法師言，當年山中僅存清康熙初燕雷和尚編《雲居山志》

一部，後被人持去。性福法師遂轉託其師弟、上海龍華寺性空和尚到蘇州尋回該書，是書已微有損蝕。虛雲和尚便發起重新刊印，並親撰〈雲居山志重刊緣起〉，敘述此次重建雲居之因緣，附於書後，以廣流通，彰顯先達行誼。

是年秋，又有各方衲子遠道來山，瓶缽遙臨，住不肯去。其中，或爲成就助道而來，或有未具戒者，爲求戒而至，乞虛雲老和尚傳戒。

老人以爲此時傳戒，多有不便，但在來眾屢屢請說，懇禱至再之下，爲成就發心人起見，又不得不有所衡量，勉強答應道：「若要傳戒，須經政府批准，方可舉行。」遂向江西省中共人民政府宗教事務處、佛教協會等有關部門陳述情由，申辦傳戒。

由於雲居生產事忙，中共政府許可開一方便短期（傳戒）。虛雲和尚早年開壇傳戒，戒期均爲五十三天，然鑑於形勢已今非昔比，遂將此次戒期一減再減，減至十八日。並轉告諸求戒者：「現得政府許可，開一方便短期，僅爲本山幾位新戒而辦。不是圖熱鬧，更不可向外通信，謂此地傳戒。倘若外處得知湧來，食宿無著，招待不下。我原本爲養病而來此山結茅，並不是來此大開期會的。」

老和尚與眾人方議定如何辦戒，即有揚州高旻寺等地數百封來信詢問此事，老和尚以人情難卻，又不能打妄語，只得如實相告，並奉勸勿來爲好，「如必要來，須有當地政府之證明物件，否則勿來」。

在雲居山的幾位好事者，亦在私自對外的通訊中向外界透露此事，另雲居山有幾位雲水僧人來往，可能在外說出，以至於不久，各地名山大刹及靜室庵堂四眾風聞而至雲居山者達數百人，加上本寺原住僧伽，計有五百餘人，不僅食宿無著落，且照管亦甚困難。

雲居山僧眾雲集之時，正值中國大陸政治形勢較爲嚴峻的時期。自西元一九五五年七月，中共政府發布《關於展開鬥爭肅清暗藏的反革命分子的指示》以來，全大陸各處正在開展「肅反」（即肅清反革命）的運動，主要針對全大陸所有的供薪人員進行批判清查，社會各界風聲甚緊，而宗教界情形尤爲緊迫。

就在虛雲和尚擬在雲居開壇傳戒的時候，上海宗教界連續出事。外教中有滬上天主教堂等，佛教中主要是上海佛教青年會被查封，幾位主要負責人陳海量（亮）居士、李行孝居士、鄭頌英居士等被逮捕入獄，《覺訊月刊》、《弘化月刊》等佛教刊物亦被迫停刊。

更有甚者，就在雲居山擬開戒期的前一天，甘肅省中共政府致電江西省中共政府，稱彼地某外道頭目，竊穿僧服，隱在佛教，已來雲居山混入求戒人中。

虛雲和尚聞知後，深覺事體重大，乃商諸永修縣中共地方當局，爲愼重起見，只得教外地來者回去。江西省及永修縣中共當局治安機關爲維護山中清淨，保證雲居山眞如寺修建工程等事項順利進行，也派員來山，協助虛雲勸告來者。

虛雲和尚耐心向四方來眾解釋說明，此次傳戒緣起及外來者不能參加之原因。應當說，來者當中，絕大部分皆爲虔誠佛子，慕虛雲老和尚道名與德行，故不辭辛苦前來求戒依止。但爲了不使外地來者失望，虛雲和尚根據《梵網經》「自誓受戒方便」的規定，權開方便，爲來眾示十戒、具足戒及菩薩之聚淨戒的精神，並勸令各回本山，依照戒期，同時在佛前自誓受戒。戒事後，雲居山仍舊給予度牒。經老人及有關人員苦口婆心、耐心說服十數日，外地來人方才陸續回去。雲居山僅留百人，於西元一九五五年十二月十四日進堂開壇，十二月三十一日圓滿，一場轟動，至此方告結束。

眾所周知，虛雲法師平生最不滿於濫設戒壇、濫傳戒法。每每見到有些道場傳戒，形如買賣，不問戒壇和尚及阿闍黎等是否如法，三日一壇，甚或一日三壇，四處賣牒，實乃不知律儀爲何物也。對於此等販稗如來佛法者，老和尚便覺痛心疾首。但為何此次卻要開自誓方便戒法呢？按受戒有受佛戒（菩薩戒）與受僧戒之分。受佛戒（菩薩戒）時，若千里之內無授戒師，是可以行「自誓方便」的，若千里之內有授戒師，則仍不許自開方便之門。至於僧戒，依律要禮請十師證明，眼觀壇儀，耳聽羯磨，才得受戒，故定從他受，不開自誓。

雖然如此，但如今末法時代，又處在一個史無前例的特殊的政治形勢背景之下，虛雲和尚也只好因時制宜。他勸告四方來者：「今各位不遠千里而來，是已生至重之心……此次皆是發殷重之心跑來本山求戒，戒壇也看到了，十師也認得了，我每天所講受戒法也聽到了，雖未正式登壇，但諸位各回本處自誓，我在此處作法，遙為迴響，雖未算如法，也不為草率處事了。且《增一阿含經》說：『諸佛常法，若稱善來比丘，便成沙。』虛雲安敢自比於佛，但今既碰著障礙因緣，萬不得已而權施方便，諸佛於常寂光中，或能默許。」可見，若無特殊因緣，是萬不能開方便戒的。虛雲和尚於此次法緣障礙，萬不得已而為之，時時耿於懷也。於是在戒期圓滿後，乃繼起禪七一期。

※

西元一九五六年，虛雲老和尚繼續在雲居山督眾興工，陸續建起大雄寶殿、天王殿、虛懷樓、雲海樓、鐘鼓樓及各殿堂房舍。虛雲和尚在建設雲居真如禪寺時，其規模、布局多採取昆明雲棲、鼓山湧泉及曹溪南華、雲門大覺寺殿堂圖式，並因雲居山之地形而稍作變化。

至是年夏，雲居山眞如寺住眾達二百餘人，其中還有不少專門的建築人才和農林學者，是以一切工程進展迅速。同時，雲居山農墾亦喜獲豐收。兩年以來，計開墾種植水田一百八十畝，旱地五十畝，所收稻穀四千五百餘斤，雜糧二千六百餘斤。並且還收穫有茶葉、銀杏、毛竹、筍乾等多項作物。如此農墾、耕植，不僅自給有餘，且足供五百餘眾常住之備糧。

是年秋，山陰吳寬性居士發起贊助在雲居山修路濬湖。擬將張公渡起上山至寺，緜延十八華里的公路均拓寬至六市尺，以便利往來行人。沿途擬架橋多處，重新疏濬寺前明月湖及疏導青溪。在濬湖導溪時，掘得一塊巨石。因年代久遠，上面字跡模糊，約略可辨認出此石爲佛印了元禪師住持本寺時，蘇東坡入山訪印公，二人曾於溪邊共坐其上，後人遂以「談心石」命名紀念之，並在此建「佛印橋」。

虛雲和尚遂決定重修此橋，並將該石置於橋亭，以存古蹟名勝。至次年秋天，修路濬湖畢，「佛印橋」亦成。眞如寺前，湖光山色、相映成趣、舊貌新顏，較之昔日，更勝一籌。路橋既成，虛雲和尚乃鐫紀事於「談心石」，且賦詩一首以誌紀念：

坡老崇佛夙願深，尋山問水去來今。
青溪橋畔談心石，談到無心石有心。
昔日金山留玉帶，鈍機偶滯故緣情。
雲來卷出談心石，爲築溪橋記姓名。

不久，雲居山又陸續建成客堂、功德堂、鐘鼓樓、韋馱殿、祖師殿、禪堂、如意寮、伽藍殿、庫房、方丈室、祖堂等處。老人在領雲居大眾大興土木之餘，仍不廢修持學習。西元一九五七年七月，新任住持海燈法師（性福和尚已於去年八月退居）爲雲居大眾開講《楞嚴經》、《法華經》，並爲雲居青年比丘二、三十人成立佛學研究苑，以造就現代僧才。

同時，老和尚雖身在雲居，但仍時刻關注雲門諸事。這年中秋節，雲門大覺禪寺佛源和尚致函虛雲老和尚，擬於今冬在雲門傳戒。虛雲和尚聞之欣然，亦去函告訴佛源；傳戒可用佛源之名義，勿用虛雲之名。老和尚還強調弘傳三戒，律己應嚴，方可爲眾表率；傳戒中切勿男女混雜，以免起人譏嫌。並另請雲居山眞如寺海燈和尚如期前往雲門講經。

時雲居山適有新戒沙彌十數人，本欲往寶華求戒，聞此消息後，遂由雲居性福法師率往雲門。又有印度尼西亞釋海涵屢致函雲居虛雲和尚以求戒，老和尚亦通知其轉往雲門受戒。但遺憾的是，待求戒四眾到達雲門山後，由於來者甚眾，引起了中共當局的注意並干預（是年六月八日，中國大陸「反右」鬥爭開始，並波及佛教界），致使雲門戒期受阻。

虛雲和尚知道後，曾數次致函佛源和尚以示撫慰：「法運之通塞，亦有時節因緣。水月道場，夢中佛事，仁者幸毋煩惱。」

在中國現代史上，西元一九五七至一九五八年是多事之秋。自西元一九五七年六月開始，中共中央發出《關於組織力量準備反擊右派分子進攻的指示》，「反右」鬥爭大規模展開。此次鬥爭主要集中在知識界（包括宗教界）。八、九月份，又相繼在農村及企業中，進行大規模「整風」和社會主義教育運動。這些運動和鬥爭，多採取大字報、大辯論的方式，進行人與人之間的相互揭發和批判。

到西元一九五八年春，全大陸「社會主義教育運動」及「反右」鬥爭，開始在佛教界普遍進行。江西雲居山也在受教育之列。在這場席捲全國、牽連眾多無辜的政治激流中，雲居山也出現了將矛頭指向了德高望重的虛雲和尚的「大字報」及「意見書」，有指責老人為封建的、有指責為腐敗的……等等。

對此，飽經風霜的老人並不感到意外。虛雲老和尚一生度人無數，門下弟子逾百萬，遍及海內外。他平生百城雲水，萬里煙霞，中興六大叢林，維護僧伽命脈，難忍能忍，難行能行，處處都體現了慈悲救世、度生不倦的大無畏精神，因而很早就贏得了海內外佛教徒及社會各界官民士庶的尊仰和欽敬。然而至其耄耋之老年，卻屢遭不測。

老和尚在〈示眾偈〉中屢屢自稱「錯誤」、「腐敗」；總因「習染害」，「自恣發露罪」，又稱「荷蒙賜良海，感謝愛我厚」，字裡行間透露出「我不入地獄，誰入地獄」的悲願，而老人深藏於內心對於末法時代的憂傷和悲涼心境，誰人能知！

從老和尚爲自己的一張近照的題字中，或許能透露一二：

貌瘁形枯，千差萬異，狀有所變，不變者誰？變與不變，總是兒戲。
身形之外，形外之相，坐斷中流，豈有兩樣？
隱中有顯，顯中含隱，隱顯隨緣，如波逐浪。
隔山見煙，了知是火，入林草伏，知有獸過。
丹青妙手，欲覓者個，端詳問取，牛馬驢騾。

※

一日，老人自覺世緣將盡，乃召侍者二人入茅蓬，告以重修廣州光孝寺的夙願及因緣。

原來，早在民國十九年，虛雲住持鼓山時，曾得廣州一林姓居士（名已不詳）捐款五萬元，願重修廣州光孝寺。由於因緣未至，虛雲和尚乃以之換購黃金若干錠。此後雖迭經憂患，均絲毫未動用此項款。雲門山大覺禪寺竣工後，虛雲老和尚曾與胡毅生居士籌議及重興光孝寺一事，隨即著員秘密回鼓山，將藏金經由香港轉道運抵雲門，又添購白銀圓若干。悉數埋之於大覺禪寺內一棵大樹下。後來時勢急遽嬗變。至西元一九五一年「雲門事變」，曾逼使老人交出黃金。老和尚在酷刑之下，始終不肯交出藏金，蓋不敢昧毫釐因果。

近年來老人重建雲居時，山陰吳寬性居士二次入山，曾告訴虛雲和尚：吳曾多次與廣東省當局言及保護光孝寺古蹟，而粵省攻府要員亦許諾之。由此節因緣，且老人自覺不久於人世，遂擬向當局呈明自己初衷。將藏金處詳址繪圖一份，囑咐侍者，會同當局派員，依圖掘金，悉數交與政府代管。數日之後，二侍者即會同江西省永修縣當局有關人士，前往雲門大覺禪寺，依圖掘金，得藏金條一箱，藏銀圓之瓦罐二口。

運回雲居後，秤計黃金二十八斤，白銀元三千枚，全數交給江西省政府當局。至此，虛雲和尚及昔日林居士本願已明，而重興光孝寺，惟有俟諸來日機緣和合之時。

圓寂

西元一九五九年，按照中國人傳統的計算年齡的習慣（虛齡），正值虛雲老和尚一百二十歲紀念。國內諸大叢林及虛雲諸弟子，以虛老今年與唐趙州從諗禪師（西元七七八～八九七年）同歲，乃共同請為虛雲和尚祝壽，但是虛雲和尚一一謝絕了。

入夏，北美僑商，婺遠詹勵吾居士及其夫人汪慎基居士，於去年發心興建的雲居山海會塔（規模樣式悉仿南華）告竣。美洲汪寬愼、香港曾寬璧居士各以資請地藏菩薩像一尊，以祝虛雲老和尚之壽，分別供養於雲居鐘樓及海會塔。此係虛雲老人最後所造之工程。

至此，雲居山眞如寺修建工程基本告竣。數年以來，雲居重建經費端賴國內外弟子及道友助成。至於備糧，初賴外援，至西元一九五五年秋後，雲居山農墾部所收穫之糧食、蔬菜、茶葉等均自給有餘，虛雲還常將雲居所產茶葉等物，分贈在京等處的諸老相識、護法等，以誌謝忱。

在重建雲居的四、五年中，虛雲率領雲居大眾修寺種植的同時，不忘修持。老人不顧自己年邁體衰，堅持經常上堂開示，為莘莘佛子指正修道法門，真正實踐了百丈禪師所倡導的「農禪」之風。

老人多次對弟子們強調：時代不同了，僧人靠人供養、坐享其成的時代已經結束，佛弟子也要與俗人一樣為衣食而繁忙。但是，出家人不能和俗人一樣，光為這衣食住三字忙，更重要的是，「還要為道求出生死。只是因為要借假修真，所以免不了衣食住。但修道這件事，暫時不在，就如同死人」，正如古人所言，「道也者，不可須臾離者也」。所以修道之人的行履，一切處、一切事，勿被外境所轉。虛雲和尚此論，可以說是真正得百丈「農禪」之真諦。

也正是因為如此，虛雲老和尚近幾十年來興建祖庭，不印捐冊，不事攀緣，而緣法自至，或謂有不可思議者。就以此次興建雲居山真如寺，十方善信皆願隨喜，群情踴躍。虛雲之弟子寬慧，聞恩師將建雲居大殿，遂在香港發起一藥師法會，結果竟攜萬金至雲居。詹勵吾居士，與老人從未謀面，亦以萬金修海會塔。吳寬性（性栽）居士於西元一九五六年冬月自香港來雲居山禮佛，由張公渡登山，見山路崎嶇，於是發願拓修。虛雲和尚一生興建大小梵剎不下數十所，其來時每以一柱杖入山。厥功告成，亦只攜一柱杖下山。其間，萬善同歸，四事供養，若有神助也。

雲居山真如寺重建事畢，虛雲老人乃以清康熙燕雷和尚所修之《雲居山志》寄至香港重印，並附錄上親自撰寫的《重建雲居山眞如寺事略》，記述了中興雲居的因緣及過程。自此，虛雲老人病日篤。老人自感老病交加，恐來日無多，對眾每作矚託語。

一日，本山住持性福法師（自去年七月起復任眞如寺住持）及三寮職事多人來茅蓬探視。老人對性福等說道，「我們有緣相聚一處。承諸位發大心，數年之間，復興雲居道場，辛苦可感。但苦於世緣將盡，雲不能爲祖師作掃除隸，有累諸位。倘我死後，全身要穿黃色衣袍，一日後入龕。在此牛棚之西山旁掘窟化身。火化後，將吾骨灰碾成細末，和以油糖麵粉爲丸，放諸河中，結水族緣」。隨即口述一偈：

蝦恤蟻命不投水，吾慰水族身擲江。
冀諸受我供養者，同證菩提度眾生。

西元一九五九年八月，虛雲和尚誕辰日將近，國內外諸山長老及弟子多人趨雲居山，爲老人祝壽並探視疾病。時虛公身體似有所好轉。九月五日，老人在香港的諸弟子寬慧、寬定、寬航及知立等入山。虛雲老人與寬慧等交談良久後，遂將《虛雲和尚法彙》及手書蠅頭小紙記事稿、身邊玉佛、大紅祖衣、照片以及諸種法物分贈諸弟子，並轉交在香港的岑學呂居士、宏賢等弟子，且爲說法開示。

九月七日，虛雲命侍者宏清召集雲居山諸弟子來病榻前。老人手揮禪板，以示空無所有之義。並各賜茶葉一份，爲說偈曰：

諸選佛道場，十方同聚會。
個個學無爲，心空及第歸。

老人在病重期間，仍不忘雲居道場修建之掃尾工作，命眾徒如法布置海會塔，一如南華式。十月九日，虛雲老和尚接到北京來電，驚聞老友李濟深先生病逝的噩耗，十分傷心，遙向北呼：「任潮！你怎麼先走了，我也要去了！」

遂命弟子將方丈室內佛龕撤退，供養別室。

時性福法師及眾職事僧齊集方丈室問安，老和尚乃爲作最後一次的開示，告誡眾弟子：「勤修戒定慧，息滅貪瞋癡。」並作辭世詩：

少小離塵別故鄉，天涯雲水路茫茫。
百年歲月垂垂老，幾度滄桑得得忘。

但教群迷登覺岸，敢辭微命入爐湯。
眾生無盡願無盡，水月光中又一場──

十月十三日午，老人自己起床取飲水，旋即又起立禮佛。侍者見狀急入室扶持。虛雲就座後，告訴弟子道：「我頃在睡夢中，見一牛踏斷佛印橋石，又見碧溪水斷流。」

十二點半，老和尚召集侍者及眾弟子入室。老人慢慢睜開眼睛，緩緩打量著眼前眾人。環視良久，方開言道：「你等侍我有年，辛勞可感。從前事不必說了，我近十年來，含辛茹苦，日在危疑震撼中，受謗受屈，我都甘心，只想爲國內保存佛祖道場，爲寺院守祖德清規，爲一般出家人保存此一領大衣。即此一領大衣，我是拚命爭回的。你各人今日皆爲我入室弟子，是知道經過的。你們此後，如有把茅蓋頭，或應住四方，須堅持保守此一領大衣。但如何能夠永久保持呢？只有一個字，曰『戒』。」語畢，老人合掌，向各人道「珍重」。一時四十五分，虛雲和尚右臂作吉祥臥示寂。

十月十八日，虛雲老人遺體封龕。次日，入窯荼毗時，但聞香氣四溢，舉火後只見白煙滾滾向上衝。開窯後得五色舍利百餘粒，小者無數，多爲白色，晶瑩光潔。

十月二十一日，安奉虛雲和尚骨灰入雲居山新落成之海會塔中。
是年，虛雲和尚世壽一百二十歲，僧臘一百零一歲。

國家圖書館出版品預行編目資料

虛雲和尚傳奇：行腳天涯度蒼生 / 張家成著. -- 1版. -- 新北市：華夏出版有限公司, 2024.03

面；　公分. --（Sunny文庫；327）

ISBN 978-626-7296-74-5（平裝）

1.CST：釋虛雲 2.CST：禪宗 3.CST：佛教傳記

226.69　　112013350

Sunny文庫　327

虛雲和尚傳奇：行腳天涯度蒼生

著　　作　張家成
出　　版　華夏出版有限公司
　　　　　220 新北市板橋區縣民大道3段93巷30弄25號1樓
　　　　　電話：02-32343788　傳真：02-22234544
E-mail　pftwsdom@ms7.hinet.net
印　　刷　百通科技股份有限公司
　　　　　電話：02-86926066　傳真：02-86926016
總 經 銷　貿騰發賣股份有限公司
　　　　　新北市235中和區立德街136號6樓
　　　　　電話：02-82275988　傳真：02-82275989
　　　　　網址：www.namode.com
版　　次　2024 年 3 月 1 版
特　　價　新台幣 450 元 （缺頁或破損的書，請寄回更換）

ISBN-13：978-626-7296-74-5
尊重智慧財產權・未經同意請勿翻印　（Printed in Taiwan）

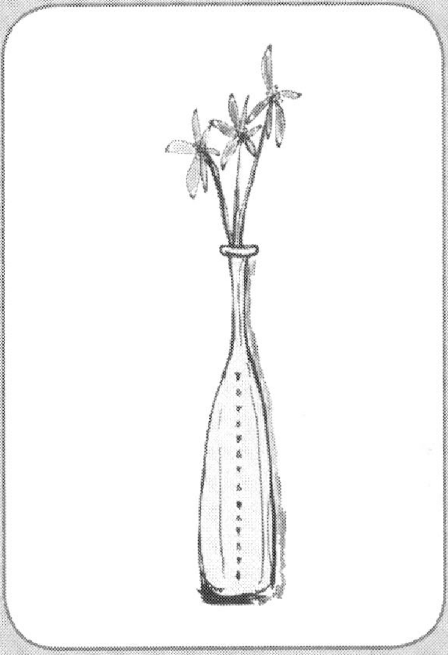